KB152102

COMPUTER BASIC

| 미래를 여는 |

컴퓨터
기초

임동균 | 박일선 지음

한티미디어

저자 소개

임동균

eiger07@hycu.ac.kr

한양사이버대학교 컴퓨터공학과 교수

박일선

isparkbobae@gmail.com

한양사이버대학교 컴퓨터공학과 교수

미래를 여는 **컴퓨터 기초**

발행일 2019년 3월 15일 초판 1쇄
지은이 임동균, 박일선
펴낸이 김준호
펴낸곳 한티미디어 | 서울시 마포구 연남로 1길 67 1층
등 록 제15-571호 2006년 5월 15일
전 화 02)332-7993~4 | **팩 스** 02)332-7995
ISBN 978-89-6421-374-2 (93000)
가 격 23,000원
마케팅 박재인 최상욱 김원국
편 집 김은수 유채원 | **관 리** 김지영
본 문 신설희 | **표 지** 유채원

이 책에 대한 의견이나 잘못된 내용에 대한 수정 정보는 한티미디어 홈페이지나 이메일로 알려주십시오.
독자님의 의견을 충분히 반영하도록 늘 노력하겠습니다.

홈페이지 www.hanteemedia.co.kr | **이메일** hantee@empal.com

머리글

하루 하루가 빠르게 변화하는 세계속에서 컴퓨터는 더 빠르게 진화하고 있다. 이제는 4차 혁명시대를 맞이하여 인공지능 시대가 열리고 있다.

영화에서나 볼 수 있었던 인공지능 시대가 우리 삶 속에 조금씩 조금씩 스며들고 있다.

이제 컴퓨터와 인터넷은 우리 생활 영역에서 공기와 같은 존재가 되었다. 공기는 그저 숨쉬기만 하면 되지만 컴퓨터와 인터넷은 계속 변화하고 있기 때문에 우리도 그 변화에 발 맞춰 나가기 위해 끊임없이 배우지 않으면 안 된다.

미래를 여는 컴퓨터 기초 교재는 저자들이 컴퓨터 교육을 하면서 쌓아온 팁과 노하우를 기반으로 컴퓨터 사용자가 꼭 알아야 할 운영체제, 앱, 인터넷, 클라우드 컴퓨팅 서비스의 일환인 웹 오피스와 웹 저장소의 사용 방법에 대해서 살펴보았다.

교재 전반은 컴퓨터 초보자들이 쉽게 컴퓨터를 사용할 수 있도록 실습 화면 모두 화면 캡처로 수록하였고 교재 후반부에서는 인터넷과 웹에서 이용할 수 있는 웹 서비스에 초점을 두었다.

또한 관련 내용의 이해를 돕기 위해 컴퓨터활용능력시험 기출문제를 함께 다루었다. 이 책이 컴퓨터 초보자들이 쉽게 컴퓨터를 사용하는 데 작은 도움이 되기를 기원합니다.

2019

저자

차례

CHAPTER 05   윈도우 7 사용하기

CHAPTER 06 컴퓨터 활용 능력 2급 기출문제 풀이

CHAPTER 07 스마트한 앱 활용하기

CHAPTER **10** 인터넷과 인터넷 주소 체계

윈도우 소개

학습목표

- 윈도우 구성과 작동법에 대해 설명할 수 있다.
- 보조 프로그램을 사용할 수 있다.

1. 윈도우 구성과 작동법 알아보기

1) 윈도우는 어떻게 가동시킬까?

| 컴퓨터를 사용하기 위해서 먼저 윈도우를 가동함 | 운영체제는 다른 프로그램과는 달리 컴퓨터에 전원이 들어오면서 자동으로 가동함 | 전원이 꺼지기 전까지 주기억 장치에 남아 모든 작업을 처리함 |

[http://blog.fursys.com/tag/%EC%9C%88%EB%8F%84%EC%9A%B0–10–%ED%8C%81/]

▌운영체제(Operating System)

시스템 하드웨어를 관리할 뿐 아니라 응용 소프트웨어를 실행하기 위하여 하드웨어 추상화 플랫폼과 공통 시스템 서비스를 제공하는 시스템 소프트웨어

[https://ko.wikipedia.org/wiki/운영_체제]

컴퓨터에 전원이 들어오면 하드디스크에 저장된 운영체제를 주기억 장치인 RAM으로 옮긴다.

기출문제 1   다음 중 아래에서 응용 소프트웨어만 선택하여 나열한 것은?

컴퓨터 활용 능력 2급 기출 문제(2015.10.17)

> (ㄱ) 윈도우   (ㄴ) 포토샵   (ㄷ) 리눅스   (ㄹ) 한컴오피스   (ㅁ) 유닉스

① (ㄱ), (ㄴ)   ② (ㄴ), (ㄹ)

③ (ㄱ), (ㄷ), (ㅁ)   ④ (ㄴ), (ㄹ), (ㅁ)

해설   윈도우, 리눅스, 유닉스는 운영체제이다.

정답   ②

❚ 주기억 장치

컴퓨터에서 수치 · 명령 · 자료 등을 기억하는 컴퓨터 하드웨어 장치

❚ RAM(Random Access Memory)

임의의 영역에 접근하여 읽고 쓰기가 가능한 주기억 장치

[https://ko.wikipedia.org/wiki/주기억장치]

기출문제 2   다음 중 컴퓨터의 주기억장치인 RAM에 관한 설명으로 옳은 것은?

컴퓨터 활용 능력 2급 기출 문제(2017.9.2.)

① 전원이 공급되지 않더라도 기억된 내용이 지워지지 않는다.

② 시스템에서 사용하는 BIOS, POST 등이 저장된다.

③ 현재 사용 중인 응용 프로그램이나 데이터가 저장된다.

④ 주로 하드디스크에서 사용되는 기억장치이다.

해설   RAM은 전원이 공급되지 않으면 내용이 지워지는 휘발성 메모리이다.

현재 사용 중인 응용 프로그램이나 데이터가 저장된다.

시스템에서 사용하는 BIOS, POST 등은 ROM에 저장된다.

정답   ③

기출문제 3 다음 중 Windows 사용 시 메모리(RAM) 용량 부족 문제의 해결 방법으로 가장 적절하지 않은 것은?

컴퓨터 활용 능력 2급 기출 문제(2018.9.1.)

① 불필요한 프로그램을 종료한다.
② 불필요한 자동 시작 프로그램을 삭제한다.
③ 시스템 속성 창에서 가상 메모리의 크기를 적절히 설정한다.
④ 휴지통에 있는 파일을 삭제한다.

해설 RAM에는 현재 사용 중인 응용프로그램이나 데이터가 저장된다. RAM이 부족할 경우 불필요한 프로그램을 종료하거나 삭제하면 된다. 휴지통에 있는 파일을 삭제하더라도 RAM의 용량이 늘어나는 것은 아니다.

정답 ④

▌부팅(booting)
작업을 처리하기 위하여 운영체제를 보조기억 장치에서 주기억 장치로 가져오는 과정

[https://ko.wikipedia.org/wiki/부팅]

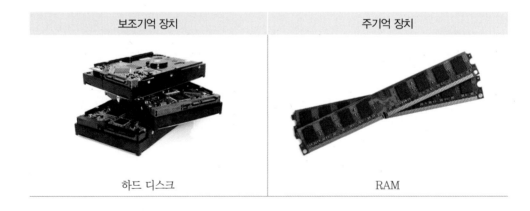

보조기억 장치	주기억 장치
하드 디스크	RAM

하드디스크에 저장된 운영체제를 주기억장치인 RAM으로 가져오는 것을 부팅이라고 한다.

기출문제 4   다음 중 운영체제의 성능을 평가하는 항목에 대한 설명으로 옳지 않은 것은?

컴퓨터 활용 능력 2급 기출 문제(2016.10.22.)

① 시스템이 일정한 시간 내에 일을 처리하는 능력
② 주어진 문제를 정확하게 처리하는 신뢰할 수 있는 정도
③ 처리할 데이터를 일정시간 동안 모아 일괄 처리할 수 있는 능력
④ 시스템의 즉시 사용 가능한 정도

해설   부팅 시간이 빠르면 좋다.

정답   ③

기출문제 5   다음 중 컴퓨터 운영체제에 관한 설명으로 옳지 않은 것은?

컴퓨터 활용 능력 2급 기출 문제(2018.9.1.)

① 운영체제는 컴퓨터가 작동하는 동안 하드 디스크에 위치하여 실행된다.
② 프로세스, 기억장치, 주변장치, 파일 등의 관리가 주요 기능이다.
③ 운영체제의 평가 항목으로 처리 능력, 응답시간, 사용 가능도, 신뢰도 등이 있다.
④ 사용자들 간의 하드웨어 공동 사용 및 자원의 스케줄링을 수행한다.

해설   운영체제는 주기억장치(RAM)에 위치하여 실행된다.

정답   ①

2) 윈도우는 어떻게 구성되어 있을까?

기출문제 6   다음 중 Windows에서 바로 가기 아이콘에 대한 설명으로 옳지 않은 것은?

컴퓨터 활용 능력 2급 기출 문제(2018.9.1.)

① 원본 파일이 있는 위치와 다른 위치에 만들 수 있다.
② 원본 파일을 삭제하여도 바로 가기 아이콘을 실행할 수 있다.
③ 바로 가기 아이콘의 확장자는 LNK 이다.
④ 하나의 원본 파일에 대하여 여러 개의 바로 가기 아이콘을 만들 수 있다.

해설   원본 파일을 삭제하면 아이콘을 실행할 수 없다.

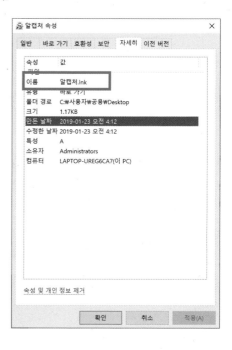

정답   ②

기출문제 7   다음 중 바로 가기 아이콘에 대한 설명으로 옳지 않은 것은?

컴퓨터 활용 능력 2급 기출 문제(2017.9.2.)

① 바로 가기 아이콘을 삭제해도 해당 프로그램은 지워지지 않는다.

② 바로 가기 아이콘은 폴더, 디스크 드라이버, 프린터 등 모든 항목에 대해 만들 수 있다.

③ 바로 가기 아이콘은 실제 프로그램이 아니라 응용 프로그램의 경로를 기억하고 있는 아이콘이다.

④ 바로 가기 아이콘은 확장자는 '*.exe'이다.

해설   바로 가기 아이콘의 확장자는 LNK이다.

정답   ④

3) 시작 버튼으로 무엇을 할 수 있을까?

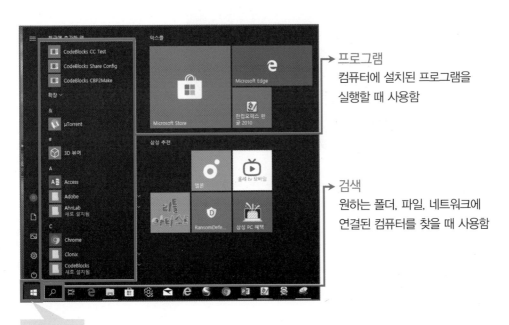

프로그램
컴퓨터에 설치된 프로그램을
실행할 때 사용함

검색
원하는 폴더, 파일, 네트워크에
연결된 컴퓨터를 찾을 때 사용함

시작 버튼

4) 응용 프로그램은 어떻게 실행시킬까 ?

◢ 시작 버튼 이용하기

❶ 윈도우에서 시작 버튼을 클릭함

❷ 시작 버튼에서 프로그램으로 마우스 포인터를 이동함

❸ 프로그램에서 실행할 프로그램을 선택함

[시작] 버튼

5) 윈도우는 어떻게 종료시킬까 ?

◢ 시작 버튼 이용하기

❶ 윈도우에서 시작 버튼을 클릭함

❷ 시작 버튼에서 전원을 선택함

❸ 절전, 시스템 종료, 다시 시작 중 알맞은 방법으로 윈도우를 종료할 수 있음

▌ 윈도우 종료하기

사용하던 환경 그대로 유지되면서
절전 상태로 대기함

선택 가능

2. 보조 프로그램 사용하기

1) 보조 프로그램은 무엇일까?

윈도우에서는 사용자에게 보다 편리한 환경을 제공
수식 계산, 이미지 편집, 간단한 문서 편집 등의 작업이 가능함

◢ 보조 프로그램 실행하기

❶ 윈도우에서 시작 버튼을 클릭함

❷ Windows 보조 프로그램을 선택함

❸ 실행하고자 하는 프로그램을 선택함

❹ 실행함

윈도우 보조 프로그램에 있는 그림판을 이용해서 사진을 편집해 본다.

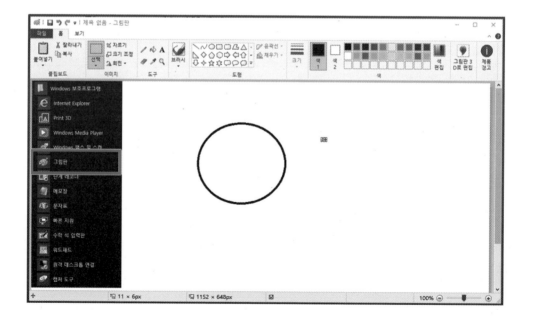

2) 그림판은 어떻게 사용할까?

◤ 그림판

그림을 그리고 편집하기 위해 이용한다.

❶ 그림을 편집해서 다른 문서에 붙여 넣을 수 있음

❷ 그림을 바탕 화면의 배경으로 사용할 수 있음

❸ 스캔한 사진을 편집할 수 있음

3) 메모장은 어떻게 사용할까?

◤ 메모장

문서에 서식이 없거나 크기가 작은 텍스트 파일을 작성하고 편집할 때 주로 사용한다.

❙ 실행하기

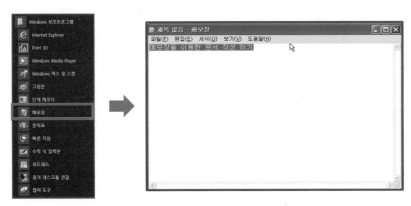

4) 파일 탐색기는 어떻게 사용할까?

◤ 파일 탐색기

컴퓨터에 저장되어 있는 파일이나 폴더의 구조를 계층적이고 시각적으로 보여주고 편집할 수 있는 기능을 제공한다.

▌실행하기

[파일 탐색기]
버튼 클릭

◢ 파일 탐색기의 기능

• 화면 구성

메뉴 표시줄   제목 표시줄   주소 표시줄

폴더 트리 구조

구분	내용
제목 표시줄	• 문서 제목, 파일 이름, 실행 중인 프로그램 등의 이름을 표시함
메뉴 표시줄	• 실행된 창에서 작업할 수 있는 메뉴가 등록되어 있음
주소 표시줄	• 현재 선택된 폴더나 파일의 위치를 표시함
폴더 트리 구조	• 현재 선택한 상태에서 필요한 작업 목록을 보여주고 선택한 항목에 관련된 자세한 정보를 보여줌 • 내 문서, 내 컴퓨터, 내 네트워크 환경 등의 이름 앞에 보이는 ⊞ 표시를 누르면 연결된 폴더가 나타남 • ⊞ 표시를 누르면 펼쳐지고, 펼쳐진 상태에서 ⊟ 표시를 누르면 감춰짐

기출문제 8   다음 중 Windows 폴더의 [속성] 창에 대한 설명으로 옳지 않은 것은?

컴퓨터 활용 능력 2급 기출 문제(2018.3.3.)

① 해당 폴더의 크기를 알 수 있다.

② 해당 폴더의 바로가기 아이콘을 만들 수 있다.

③ 해당 폴더의 읽기 전용 특성을 설정할 수 있다.

④ 해당 폴더의 만든 날짜를 알 수 있다.

해설   폴더의 속성에 해당하는 폴더의 크기, 읽기 전용 특성, 만든 날짜를 알 수 있음.

해당 폴더의 바로가기 아이콘을 만들 수 없다.

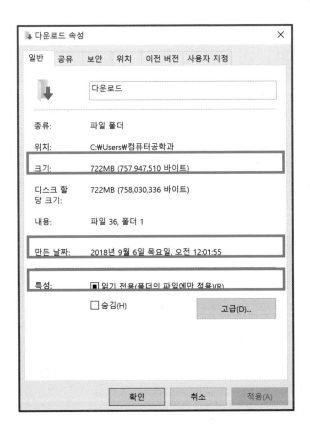

정답   ②

기출문제 9   다음 중 Windows 7의 [Windows 탐색기]에 대한 설명으로 옳지 않은 것은?

컴퓨터 활용 능력 2급 기출 문제(2017.9.2.)

① 컴퓨터에 설치된 디스크 드라이브, 파일 및 폴더 등을 관리하는 기능을 가진다.

② 폴더와 파일을 계층 구조로 표시하며, 폴더 앞의 기호는 하위 폴더가 있음을 의미한다.

③ 현재 폴더에서 상위 폴더로 이동하려면 바로 가기 키인 〈Home〉키를 누른다.

④ 검색 상자를 사용하여 파일이나 폴더를 찾을 수 있으며, 검색은 입력을 시작함과 동시에 시작된다.

해설   현재 폴더에서 상위 폴더로 이동하려면 바로 가기 키인 〈Backspace〉키를 누른다.

정답   ③

◢ 파일과 폴더

• 폴더 옵션 저장하기

◢ 확장명의 종류

• 형식: 파일이름. 확장명

• 기능: 확장명으로 프로그램 종류를 알 수 있음

• 종류

확장명	프로그램
Jpg, bmp, gif	그림 파일
mp3, wav	음악 파일
hwp	한글 파일
ppt	파워 포인트 파일

기출문제 10 ▷ 다음 중 Windows 7에서 하드디스크의 파일을 삭제할 경우 시스템에 영향을 미칠 수 있는 파일로 주의해야 하는 파일 확장자에 해당하지 않는 것은?

컴퓨터 활용 능력 2급 기출 문제(2016.10.22.)

① .exe
② .ini
③ .sys
④ .tmp

해설 .exe는 실행 파일, .ini는 초기 설정에 필요한 파일, .sys는 시스템 파일임.
.tmp 파일은 임시 파일로 삭제해도 상관없음.

정답 ④

기출문제 11 ▷ 다음 중 JPEG 표준에 대한 설명으로 옳지 않은 것은?

컴퓨터 활용 능력 2급 기출 문제(2016.6.25.)

① JPEG은 정지 화상을 위해서 만들어진 손실 압축 방식의 표준이며, 비손실 압축 방식도 규정되어 있으나 이 방식은 특허문제나 압축률 등의 이유로 잘 쓰이지 않는다.
② JPEG 표준을 사용하는 파일 형식에는 jpg, jpeg, jpe 등의 확장자를 사용한다.
③ JPEG은 웹상에서 사진 등의 화상을 보관하고 전송하는데 가장 널리 사용되는 파일 형식이다.
④ 문자, 선, 세밀한 격자 등 고주파 성분이 많은 이미지의 변환에서는 GIF나 PNG에 비해 품질이 매우 우수하다.

해설 JPEG은 디지털 카메라 등에서 가장 많이 사용하고 있음.

정답 ①

기출문제 12   다음 멀티미디어 파일 형식 중에서 이미지 형식에 해당하지 않는 것은?

컴퓨터 활용 능력 2급 기출 문제(2015.3.7.)

① BMP   ② GIF
③ TIFF   ④ WAV

해설   wav 확장명은 음성 정보 파일임

정답   ④

◾ 연결 프로그램 지정

• 선택하는 파일 종류에 따라 연결 프로그램도 달라짐

• 선택한 파일의 편집과 미리 보기에 필요한 프로그램을 확인하는 방법

파일에서 마우스 오른쪽 버튼을 클릭함	➡	[연결 프로그램]을 선택함

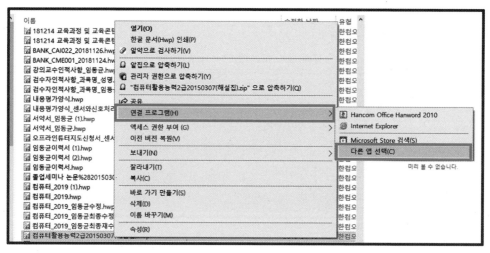

◾ 연결 프로그램 등록하기

• 연결 프로그램에서 권장하는 프로그램이 있음

• 연결 프로그램이 없다면 [다른 앱 선택]을 누르고 추가할 수 있음

• 항상 이 앱을 사용하여 .hwp 파일 열기를 체크하면 선택한 프로그램이 항상 실행됨

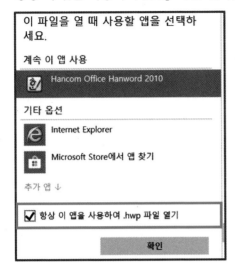

파일과 폴더 관리

• 폴더 이름 바꾸기

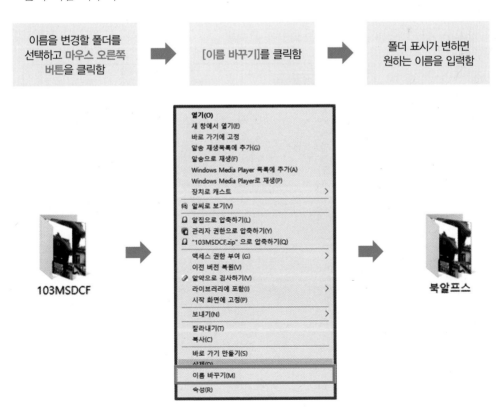

◢ 파일과 폴더 관리

파일 선택 방법: 마우스 왼쪽 버튼을 클릭하여 이동할 파일을 선택함

• shift+클릭

처음 선택한 파일부터 shift+클릭한 **파일** 사이에 있는 **모든 파일**이 선택됨

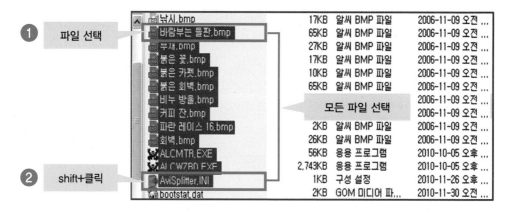

• ctrl+클릭

처음 선택한 파일과 ctrl+클릭한 **파일**만 선택됨

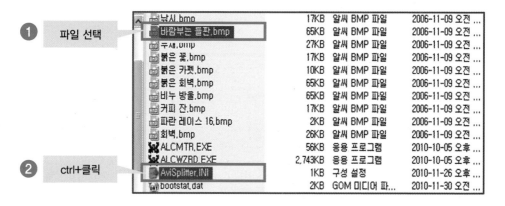

파일과 폴더 붙여 넣기

파일과 폴더를 복사하고 붙여넣기
한 개 혹은 여러 개의 파일이나 폴더를 복사하고 붙여넣는 방법

폴더나 파일이 손상되거나 삭제되는 것을 예방하기 위해 복사본을 만들 수 있음.

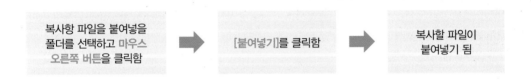

복사항 파일을 붙여넣을 폴더를 선택하고 마우스 오른쪽 버튼을 클릭함 ➡ [붙여넣기]를 클릭함 ➡ 복사할 파일이 붙여넣기 됨

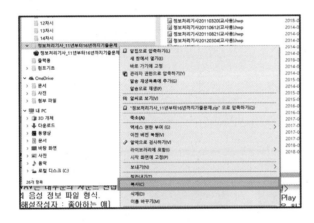

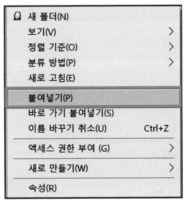

📐 파일과 폴더 이동하기

• 복사와 이동의 차이점

복사	이동
원 위치에 복사된 원본 파일이 그대로 존재함	원본 파일이 사라짐

⬇

잘라내기, 붙이기와 동일한 기능

• 파일과 폴더는 무엇일까?

▌파일(file)

기억 장치에 저장되어 있는 프로그램이나 데이터를 구성하는 기본 단위

▌폴더(folder)

서로 관련된 여러 파일을 모아 관리하는 것

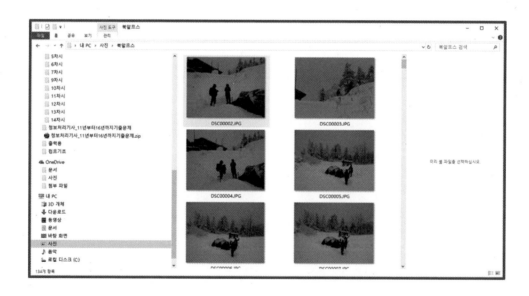

학습정리

1. 윈도우 구성과 작동법 알아보기

- 윈도우 가동: 운영체제는 컴퓨터에 전원이 들어오면서 자동으로 가동되며, 전원이 꺼지기 전까지 주기억 장치에 남아 모든 작업을 처리함

- 윈도우 화면: 바탕화면, 아이콘, 시작 단추, 작업 표시줄, 알림 영역 등으로 구성됨

- 시작 버튼: 프로그램 실행, 제어판에서 윈도우 환경 관리, 검색이 가능함

- 윈도우 종료: 절전, 시스템 종료, 다시 시작 중 알맞은 방법으로 종료할 수 있음

2. 보조 프로그램 사용하기

- 보조 프로그램: 사용자에게 보다 편리한 환경을 제공하기 위해서 수식 계산, 이미지 편집, 간단한 문서 등의 작업이 가능함

- 메모장: 문서에 서식이 없거나 크기가 작은 텍스트 파일을 작성하고 편집할 때 사용함

- 그림판: 그림을 그리고 편집하기 위해 사용함

- 파일 탐색기: 컴퓨터에 저장되어 있는 파일이나 폴더의 구조를 계층적이고 시각적으로 보여주고, 편집할 수 있는 기능을 제공함

Total Commander 활용

학습목차

학습목표

- Total Commander를 활용하여 컴퓨터를 쉽게 사용할 수 있다.
- Total Commander를 활용하여 파일을 압축하고 압축 해제할 수 있다.
- Total Commander를 활용하여 파일을 쉽게 관리할 수 있다.

1. Total Commander 소개

▌Total Commander(토탈 커맨더)

파일 또는 폴더의 복사, 삭제, 이동, 압축 등을 쉽게 할 수 있는 파일 관리자 프로그램

▨ 특징

화면을 2개로 분할하여 파일 작업을 보면서 할 수 있음

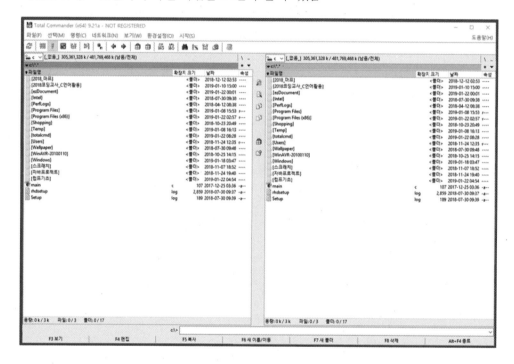

1) Total Commander 다운로드

홈페이지에 접속해서 (http://www.ghisler.com/download.htm) Direct download 를 클릭하고 파일을 다운 받음

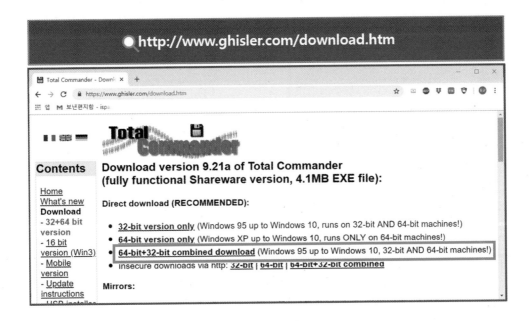

2) Total Commander 설치

내 PC/다운로드로 이동한 후 tcmd921ax32_64.exe를 실행함

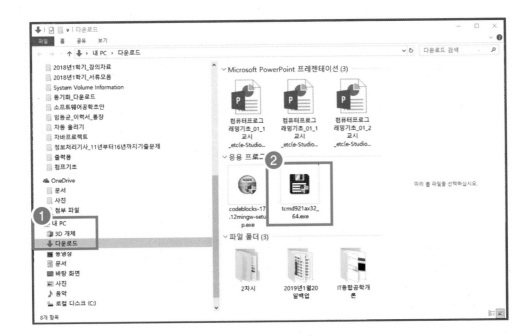

언어선택 창에서 한국어(Korean)를 선택 후 다음 버튼 클릭

추가 다른 언어파일 설치 창에서 아니오를 선택 후 다음 버튼 클릭

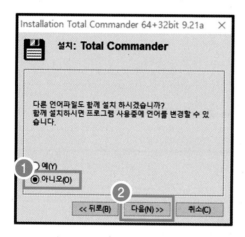

프로그램 설치 디렉토리를 입력 후 다음 버튼 클릭

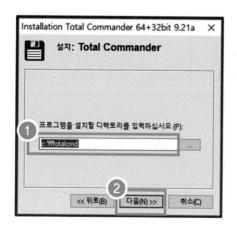 

단축아이콘 생성 및 사용자 계정 선택 후 다음 버튼 클릭하면 설치 완료

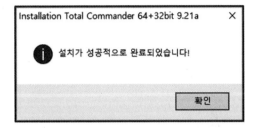

바탕 화면에 있는 아이콘을 더블 클릭해서 프로그램을 실행함

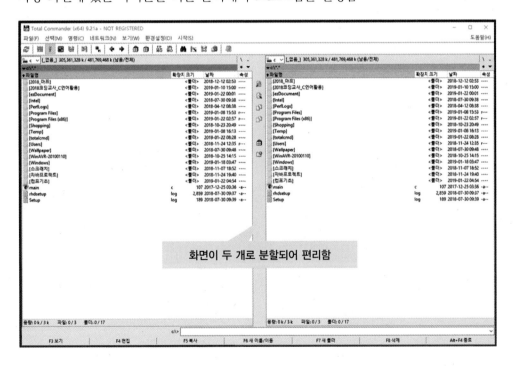

화면이 두 개로 분할되어 편리함

2. 새폴더 만들기

1) 드라이브 변경하기

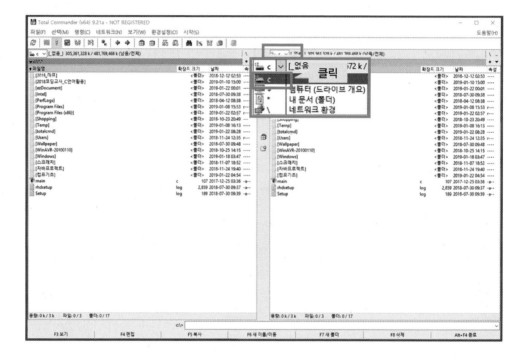

2) 새폴더 만들기

하단에 있는 F7 새폴더 버튼 클릭 또는 F7을 눌러 폴더 이름 입력 후 확인 버튼 클릭

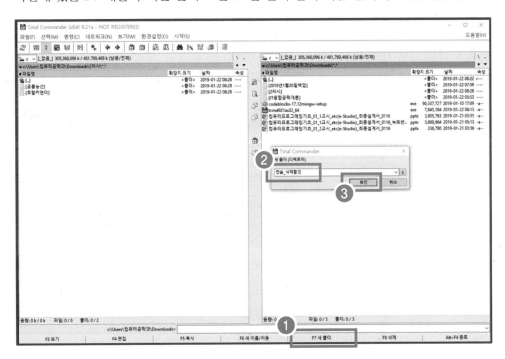

폴더 생성

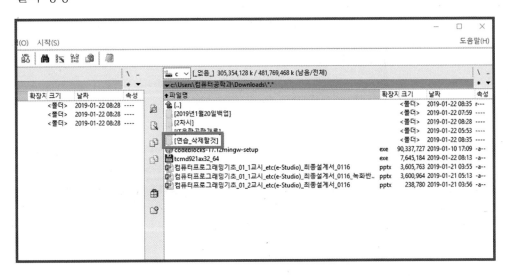

3. 파일 선택하기

1) 개별 파일 하나씩 선택하기

마우스 왼쪽 버튼 클릭, 왼쪽 Ctrl+마우스 왼쪽 버튼

2) 범위 내의 여러 파일 한 번에 선택하기

마우스 왼쪽 버튼 클릭, 왼쪽 Shift+마우스 왼쪽 버튼

3) 폴더 안의 모든 파일 선택하기

숫자 키패드의 + 기호 누른 후 enter (Total Commander에서만 있는 기능임)

Ctrl + A (많은 응용 프로그램에서 사용 가능한 기능임)

메뉴의 [선택]에서 [그룹 선택]

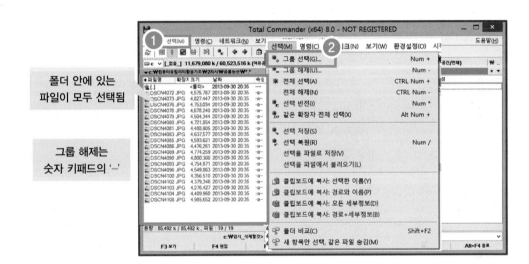

4. 파일 복사하기

하단에 있는 F5 복사 클릭 또는 키보드의 F5를 누른 후 확인을 클릭하면 반대 창에 복사됨

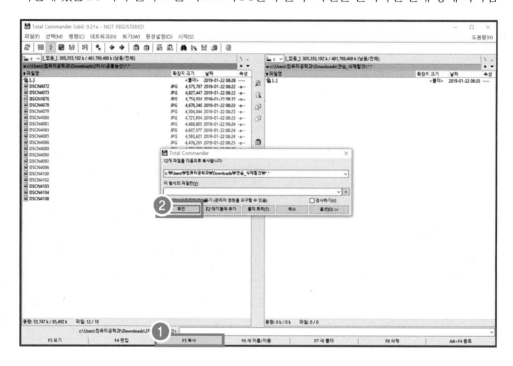

파일 복사와 동일한 방법으로 폴더도 복사할 수 있음

5. 파일 삭제, 이동하기

1) 파일 삭제하기

하단에 있는 F8 삭제 클릭 또는 키보드의 F8을 누름

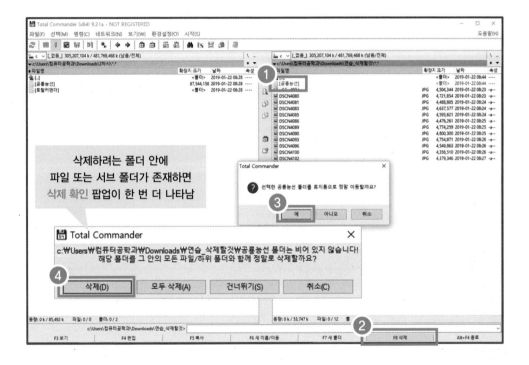

2) 파일 이동하기

하단에 있는 F6 새이름/이동 클릭 또는 키보드의 F8을 누름

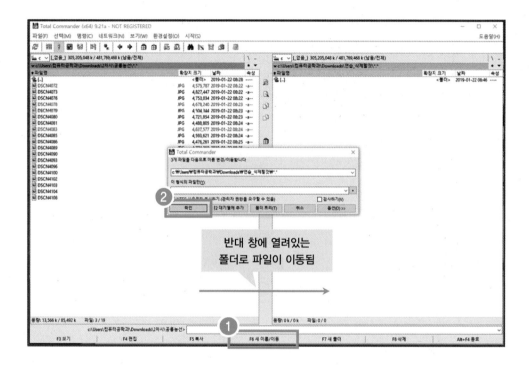

반대 창에 열려있는
폴더로 파일이 이동됨

◢ 복사와 이동의 다른 점

복사를 하면 양쪽 폴더에 모두 파일이 남아 있고, 이동을 하면 복사한 폴더로 파일이 이동되어 원본 폴더에는 남아있지 않는다.

6. 파일 이름 바꾸기

1) 단일 파일 이름 바꾸기

이름을 변경할 파일 선택 후 하단에 있는 F6 새 이름/이동 클릭 또는 키보드의 F6을 누름

파일 이름을 바꾸기 위해서는 두 창에 동일한 폴더가 선택되어야 함

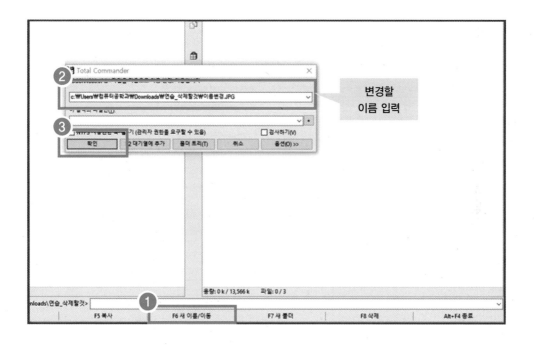

2) 파일 이름 일괄 변경하기

파일 이름을 변경할 파일들을 선택함

파일명 일괄 변경 버튼을 클릭하거나 파일-일괄 이름 변경 도구를 차례로 클릭함

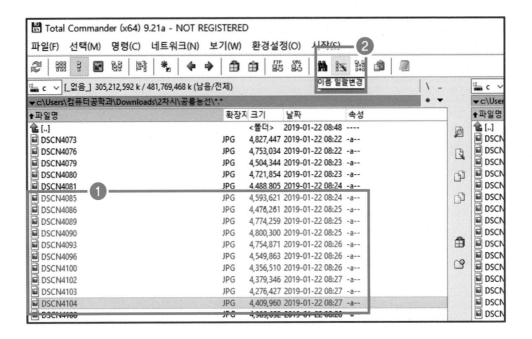

찾을 문자와 바꿀 문자를 입력 후 하단의 시작 버튼을 클릭함

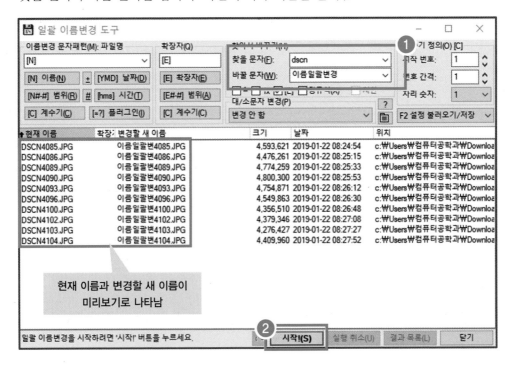

파일 이름 일괄 변경 결과

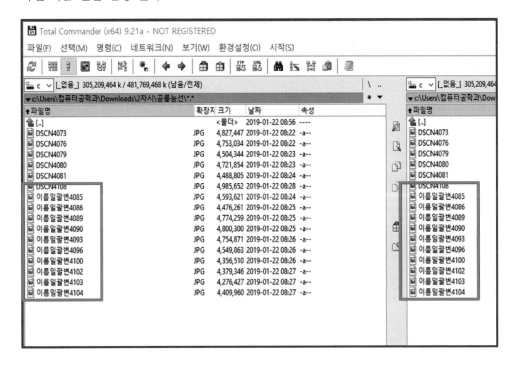

7. 파일 압축 / 압축해제하기

1) 압축 하기

압축할 파일을 선택한 후 메뉴에서 [파일]-[파일 압축]을 클릭

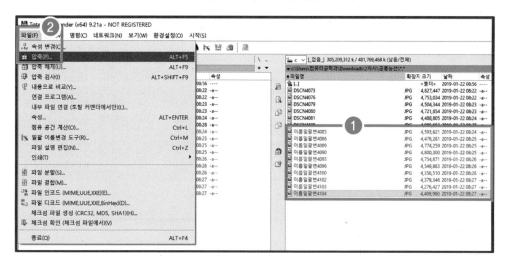

파일명 입력 후 확인을 클릭하면 다른 창에 열려 있는 폴더에 압축 파일이 만들어 짐

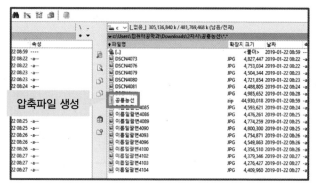

2) 파일 압축 해제하기

압축 해제할 파일을 선택한 후 [파일]–[압축 해제]를 클릭

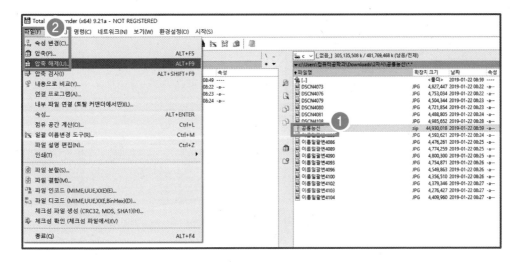

압축 파일을 해제할 경로를 입력 후 확인을 클릭하면 압축이 해제됨

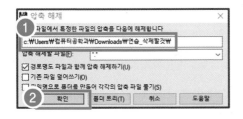

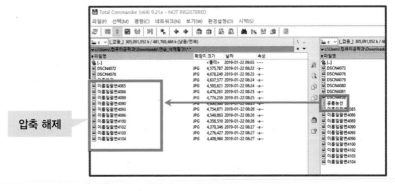

파일명으로 폴더를 만들어 각각의 압축 파일 풀기를 선택하면 폴더를 만들고 그 폴더 안에 압축해제됨

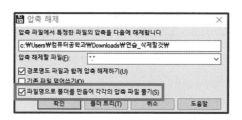

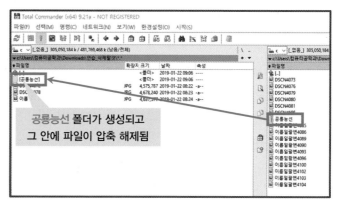

3) 파일 압축 옵션

암호화를 클릭하면 압축 해제할 때 암호를 입력해야 압축이 해제됨

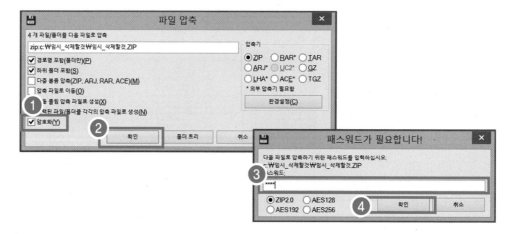

압축을 해제할 때 암호를 입력하고 확인을 클릭하면 압축이 해제됨

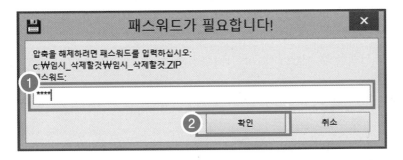

◼ 파일 압축 옵션

[자동 풀림 압축 파일로 생성]을 체크하면 파일 압축 프로그램이 없어도 자동으로 압축이 해제되는 파일이 생성됨

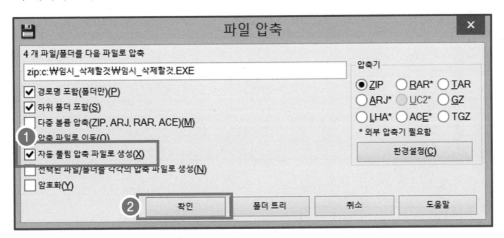

자동으로 압축이 해제되는 파일이 생성되면, 실행하여 압축 해제를 하면 파일이름은 폴더 이름이 됨

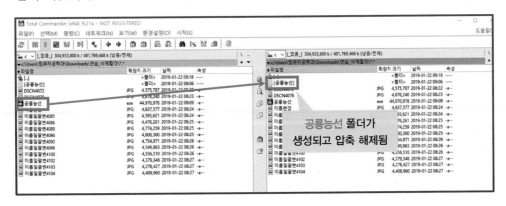

8. 파일 속성 변경하기

속성을 변경할 파일을 선택한 후 메뉴에서 [파일]-[속성]을 클릭

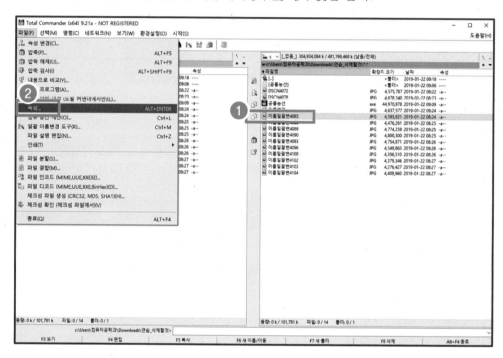

파일 속성 창에서 파일 특성을 숨김으로 설정하면 파일이 보이지 않음

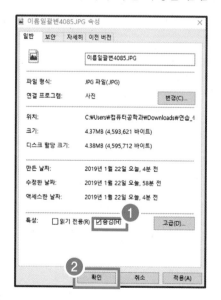

[환경설정]-[옵션]-[화면]-[파일표시]-[숨김/시스템 파일표시(고급)]으로 설정하면
숨김 파일이 투명하게 표시됨

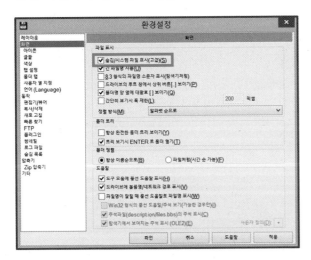

숨긴 설정된 파일이 투명하게 보임

9. 파일 분할/결합하기

1) 파일 분할하기

파일 용량이 크면 파일 선택 후 메뉴의 [파일]-[파일 분할]을 클릭하여 원하는 크기로
분할이 가능함

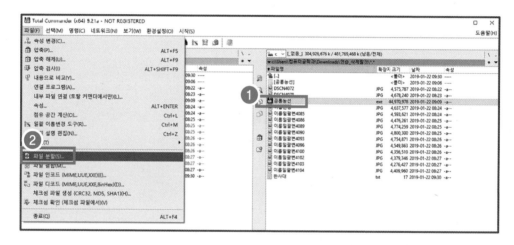

분할되는 각 파일의 크기를 지정할 수 있음

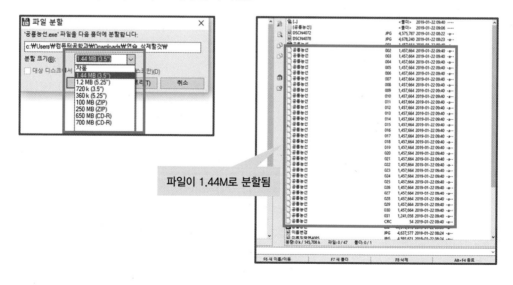

파일이 1.44M로 분할됨

2) 파일 결합하기

분할된 파일을 다시 결합하기 위해 파일이름.001 파일을 선택한 후 메뉴의 [파일]−[파일 결합]을 클릭함

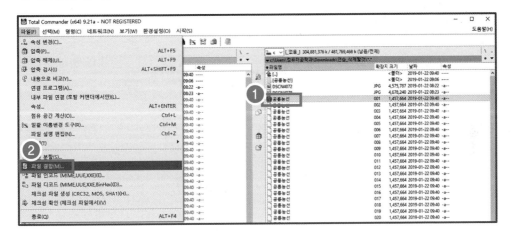

결합된 파일의 저장 경로와 파일 이름 지정 후 결합이 진행 됨

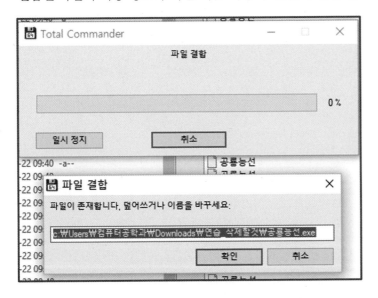

10. 파일 찾기

원하는 파일 찾기 위해 메뉴에서 [명령]-[파일 찾기]를 클릭한 후 찾을 파일을 입력함

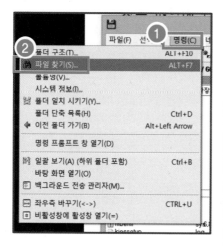

11. 메모 만들기

1) 노트 패드 아이콘을 클릭하여 메모를 작성한 후 저장함.

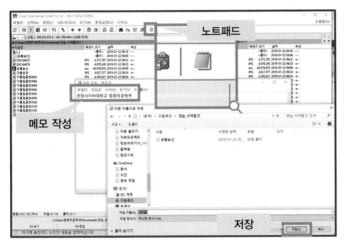

2) 한사대.txt를 선택한 후 하단에 있는 [F4 편집]을 클릭하거나 F4를 누르면
편집할 수 있음

12. 파일 보기

하단에 있는 [F3 보기]를 클릭하거나 또는 키보드의 F3 키를 누르면 파일을 볼 수 있음

학습정리

1. 파일 복사, 새이름/이동, 삭제하기

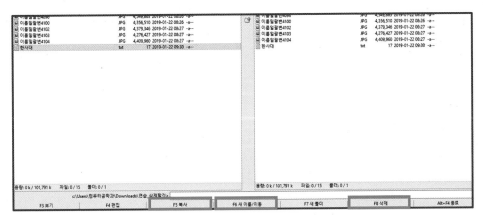

2. 파일 압축/압축 해제 하기

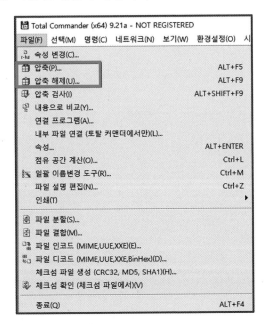

학습평가

1. 자신이 가지고 있는 사진 2장을 압축연습하기.zip으로 하여 압축 파일을 만들어 봅시다.

2. 1번에서 만든 압축연습하기.zip 파일을 파일 분할하여 크기가 1.44M인 파일로 만들어 봅시다.

윈도우 10 사용하기

학습목표

• 작업 표시줄을 설정하고 사용할 수 있다.

• 사진 앱을 사용할 수 있다.

• 사진을 이용해서 음악이 있는 비디오를 만들 수 있다.

1. 작업 표시줄 사용하기

1) 아이콘 등록하기

작업 표시줄에 자주 사용하는 프로그램 아이콘을 드래그 앤 드롭 방식으로 등록한다.

▌드래그 앤 드롭

마우스 왼쪽 버튼을 누른 채 마우스를 이동해서 원하는 위치로 이동한 후 왼쪽 버튼에서 손가락을 떼는 동작

2) 작업 표시줄 설정하기

작업 표시줄에 마우스 포인터를 이동한 후, 마우스 오른쪽 버튼을 클릭한다.

작업표시줄 크기 변경을 못하게 할 수 있다.

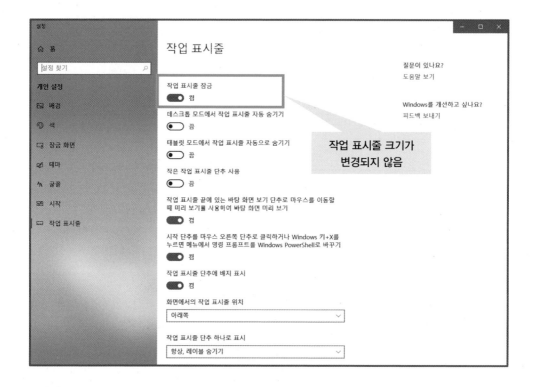

데스크톱 모드에서 작업표시줄을 자동으로 숨기기 할 수 있다.

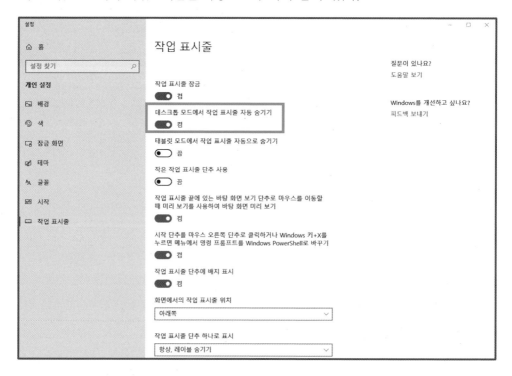

작업표시줄이 자동으로 숨기기가 되어 있는 경우 마우스 포인터가 작업 표시줄에 들어
갈 때마다 작업 표시줄이 나타난다.

3) 바탕화면 표시하기

작업표시줄에 있는 [바탕화면]을 클릭하면 바탕화면에 설치된 프로그램이나 파일들의
아이콘들을 미리보기 할 수 있다.

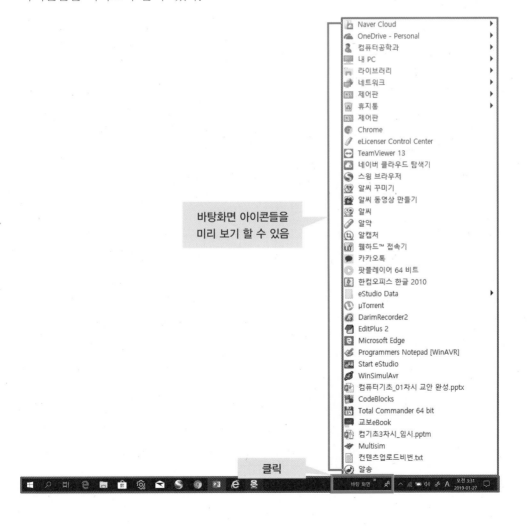

4) 시작 버튼 사용하기

[시작] 버튼을 클릭하면 [라이브 타일]이 나타나 필요한 앱을 쉽게 실행시킬 수 있다.

▮라이브 타일

• 자주 사용하는 앱을 지정하여 빠르게 사용할 수 있음
• 아이콘의 크기를 조절할 수 있음
• 이동, 삭제, 추가 등 쉽게 사용할 수 있음

◤ 그룹 이름 지정하기

자주 사용하는 앱들을 모아놓고 그룹 이름을 지정해 편리하게 앱에 접근할 수 있다.

◢ 필요 없는 앱 제거하기

• 마우스 오른쪽 버튼 클릭 후, [시작 화면에서 제거]를 선택함

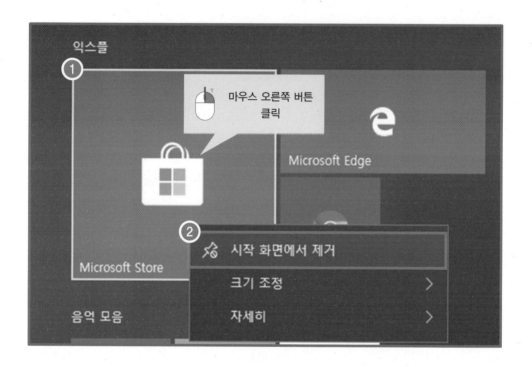

Tip!

프로그램을 완전 삭제하는 것은 아님

◢ 프로그램 라이브 타일에 등록하기

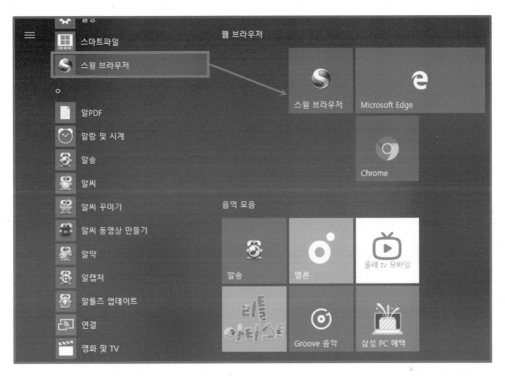

5) 검색 버튼 사용해서 앱 실행하기

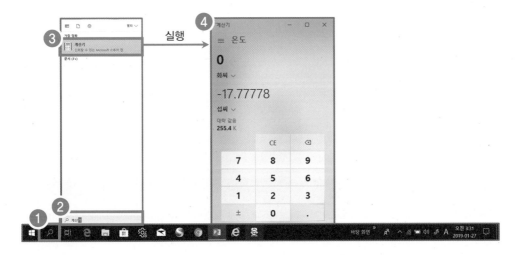

6) 작업 보기 버튼

현재 작업하고 있는 창들을 모두 보여줌

다른 작업으로 쉽게 이동할 수 있음

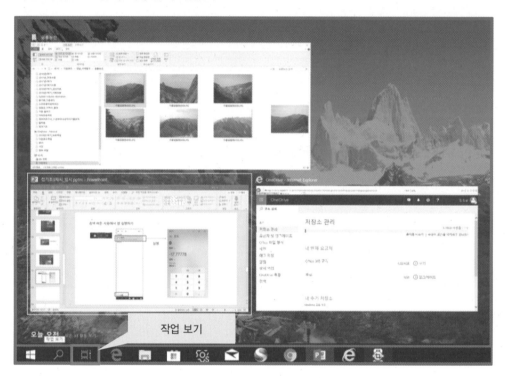

새 데스크톱 만들기

7) 알림 센터 설정하기

◢ 모든 설정

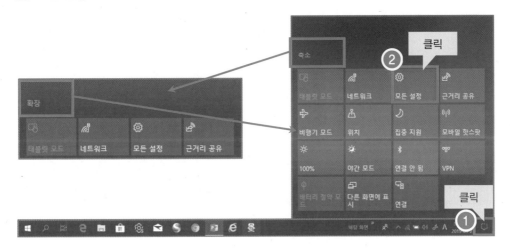

• 시스템 설정하기

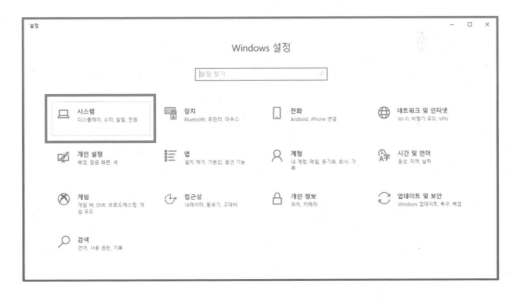

• 시스템 설정하기 〉 모니터 설정하기

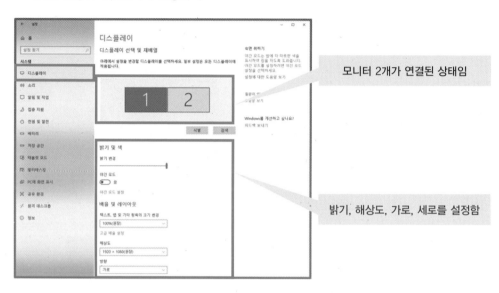

모니터 2개가 연결된 상태임

밝기, 해상도, 가로, 세로를 설정함

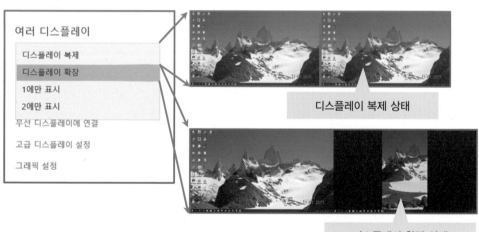

디스플레이 복제 상태

디스플레이 확장 상태

• 시스템 설정하기 > 소리 설정하기

마이크와 스피커의 종류를 선택하여 설정할 수 있다.

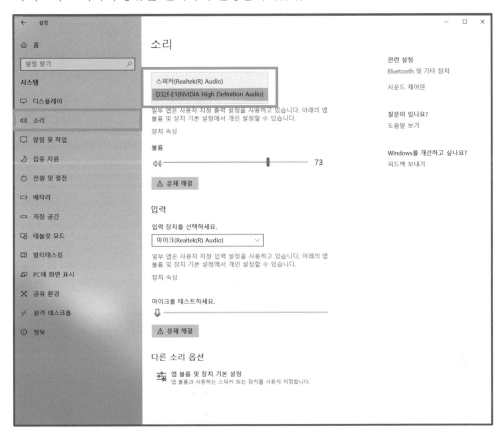

Tip!

작업 표시줄에서 직접 설정할 수도 있음

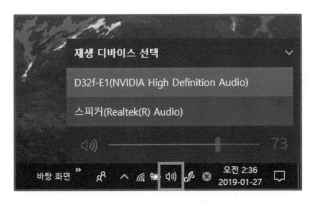

• 시스템 설정하기 〉 전원 및 절전 설정하기

PC를 장시간 사용하지 않을 경우 일정 시간이 경과 후 [절전]모드 상태로 변경시킬 수 있다.

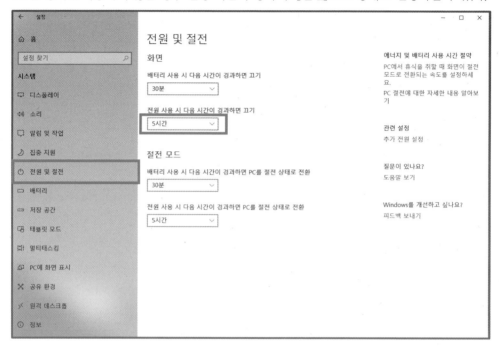

• 시스템 설정하기 〉 알람 및 작업하기

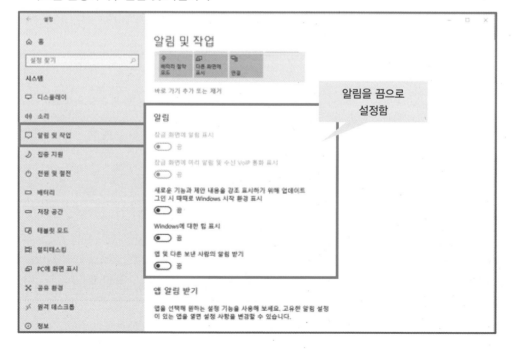

Tip!

알람을 켜면 계속 알림창이 열리게 됨

■ 개인 설정하기

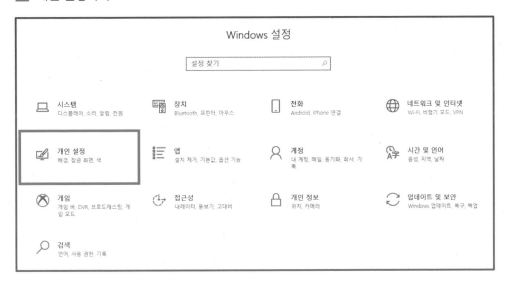

Tip!

바탕화면에서 마우스 오른쪽 버튼을 클릭하여 설정할 수도 있음

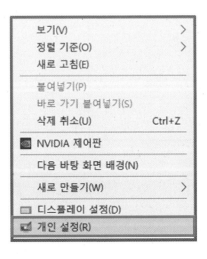

• 배경 설정하기

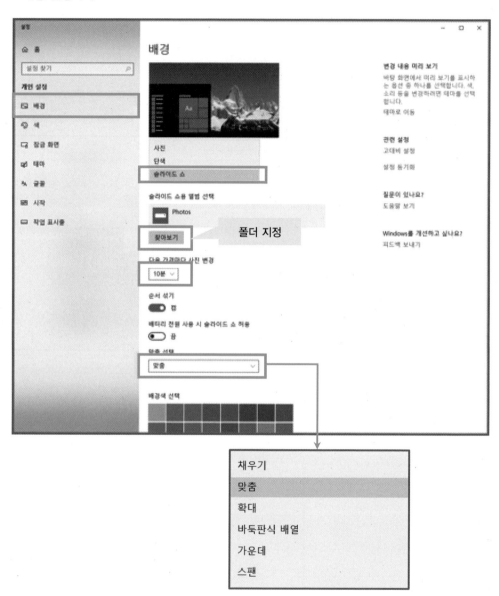

• 테마 설정하기

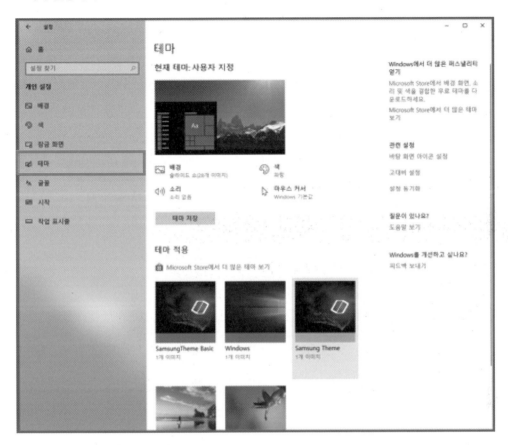

• 작업 표시줄 설정하기

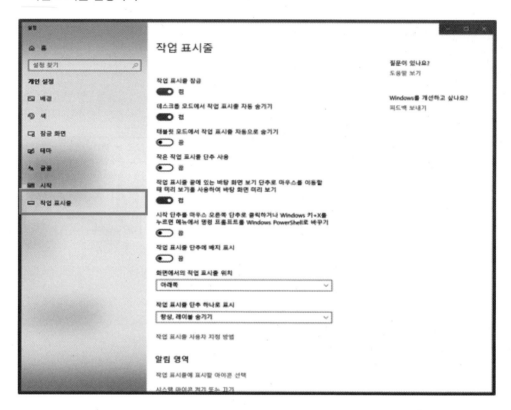

접근성 설정하기

접근성에서는 텍스트 크기, 마우스 포인터 크기 및 색 변경, 밝기 변경, 배경, 테마 등을 변경할 수 있다.

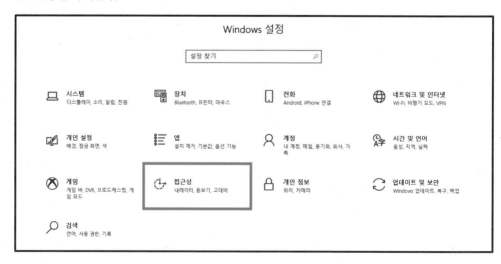

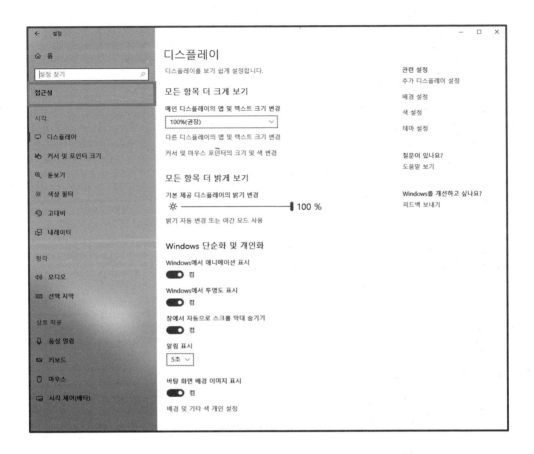

앱 설정하기

내 컴퓨터에 응용 소프트웨어(앱)을 설치하거나 삭제 및 옵션 관리를 할 수 있다.

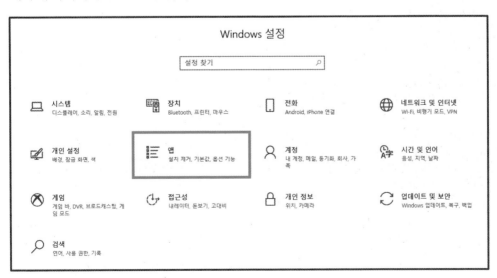

원치 않은 프로그램이 설치된 경우 설치 날짜를 기준으로 정렬함

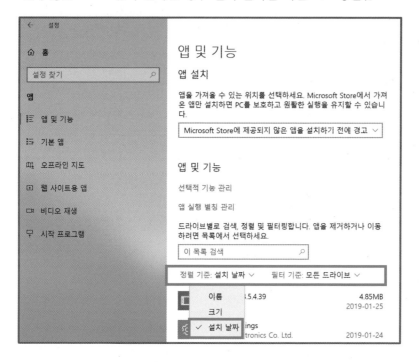

필요 없는 앱을 제거함

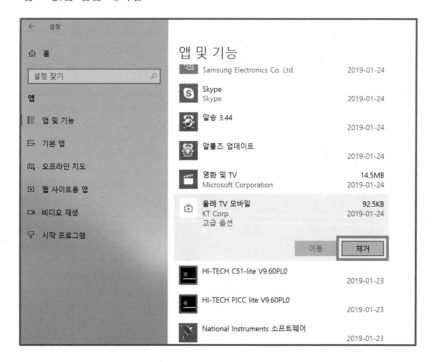

2. 윈도우 10 사진 앱 사용하기

사진을 클릭하면 자동 실행된다.

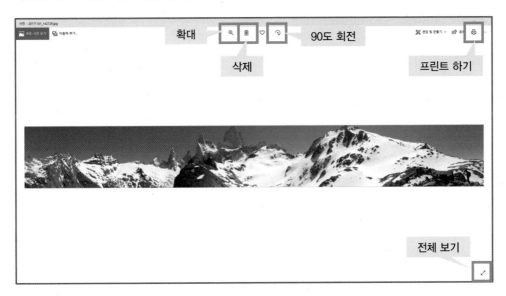

1) 확장 기능보기

클릭

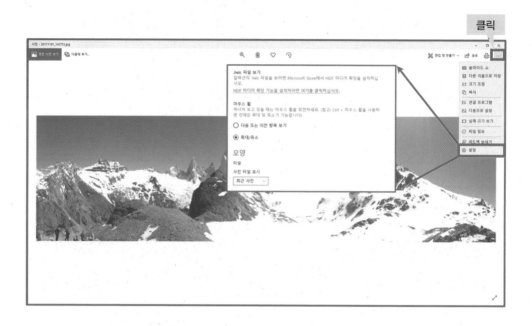

2) 사진 편집하기

저장
편집 내용을 저장하고
원본을 바꿉니다.

흑백 사진으로 변경

복사본 저장(Ctrl+S)
편집 내용을 새 사진으로 저장합니다.
(원본은 변경되지 않음)

3) 그리기 사용하기

3. 음악이 있는 비디오 만들기

사진이 있는 폴더를 클릭한 후, [모두 선택] 클릭   마우스 오른쪽 버튼 클릭

1) 비디오 이름 지정하기

비디오에 들어갈 사진을 추가한 후 비디오 이름을 지정한다.

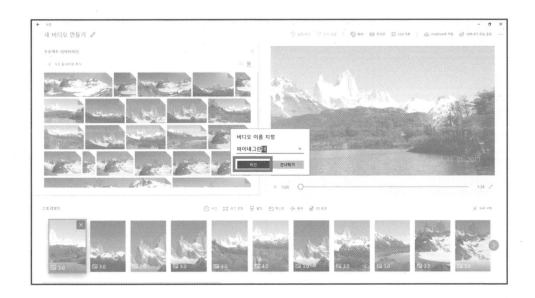

2) 배경 음악 넣기

윈도우 10에서 제공하는 음악을 넣을 수도 있고 사용자가 지정하는 음악을 넣을 수도 있음

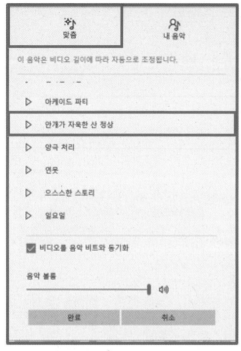 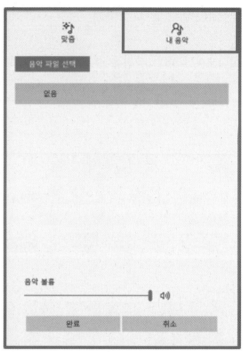

3) 제목 또는 캡션 넣기

[텍스트]를 선택한다.

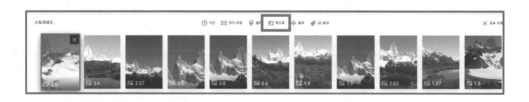

원하는 스타일과 레이아웃을 설정한다.

4) 비디오 파일 저장하기

[내보내기 또는 공유]를 선택한다.

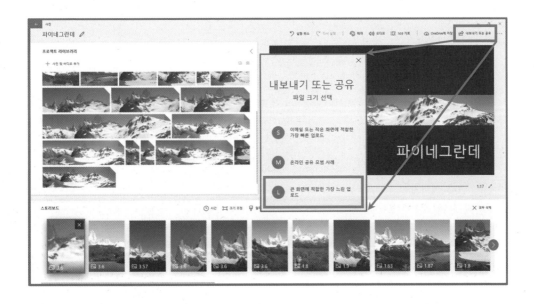

5) 저장 확인하기

mp4 파일 포맷으로 저장된다.

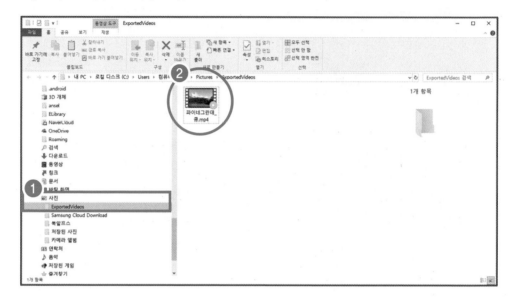

학습정리

1. 작업 표시줄 활용하기

 • 작업 표시줄에 자주 사용하는 프로그램 아이콘을 등록함

2. 드래그 앤 드롭

 마우스 왼쪽 버튼을 누른 채 마우스를 이동해서 원하는 위치로 이동한 후
 왼쪽 버튼에서 손가락을 떼는 동작

3. 윈도우 10 사진 앱 사용하기

 • 음악이 있는 비디오 만들기

알툴즈와 고클린 활용하기

학습목차

학습목표

- 알약을 활용하여 바이러스를 치료할 수 있다.
- 알송을 활용하여 음악 파일을 감상할 수 있다.
- 알씨를 활용하여 사진으로 동영상 파일을 만들 수 있다.
- 고클린을 활용하여 컴퓨터를 안전하게 관리할 수 있다.

1. 알약 활용하기

1) 알약 설치하기

알약 사이트에 접속한다.

https://www.altools.co.kr/

2) 검사하기

알약은

• 백신 프로그램

• 악성코드의 탐지와 치료 기능을 제공하며, 탐지율이 높고 검사 속도가 빠름

3) PC 최적화

PC를 최적화하기 위해 [PC최적화] 메뉴를 선택한다.

검사하고자 하는 항목을 선택한 후 [검사시작]을 클릭한다.

4) PC 관리

[PC 최적화] - [PC관리]를 선택한다.

[PC관리] – [시스템 정보]를 클릭하여 내 컴퓨터 시스템 운영체제 및 시스템 정보를 확인한다.

[프로그램 관리]에서 원하는 프로그램을 확인 후 삭제할 수 있다.

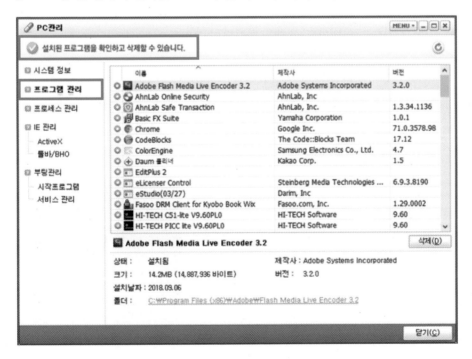

[PC관리]에서 [툴바/BHO] 를 선택해 삭제할 수 있다.

BHO: Browser Helper Object

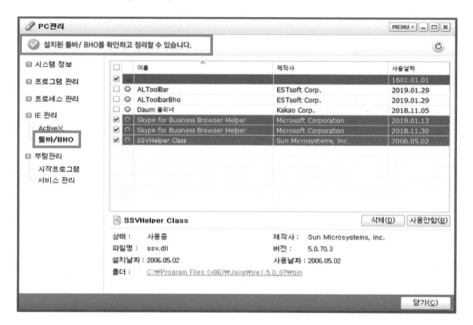

5) 플러스 보안

[플러스보안]에서 윈도우 업데이트 상태를 점검할 수 있다.

6) 광고 알람 제거하기

[환경설정]을 선택한다.

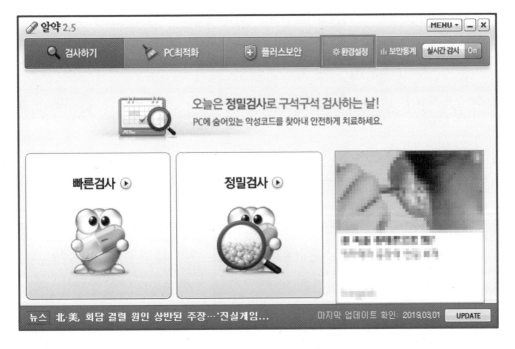

[환경설정] 창에서 [게임모드]를 on 시킨다.

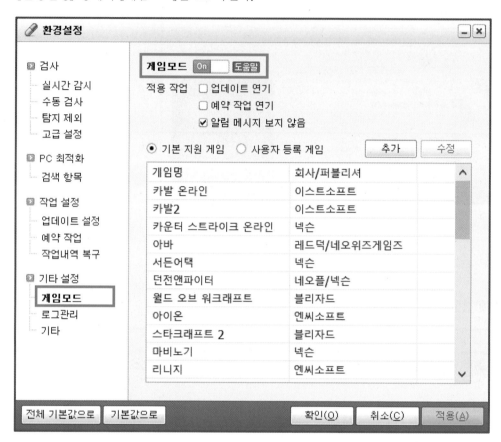

[환경설정] - [알람설정] 체크 해제하기

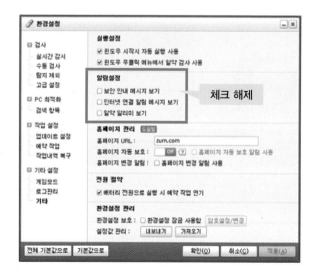

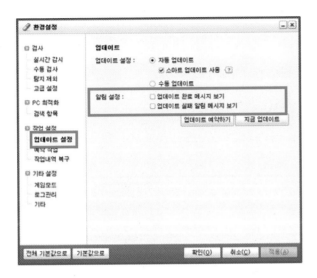

2. 알송 활용하기

1) 알송 설치하기

2) 알송 실행하기

알송

• 실시간 싱크 가사, 녹음 기능을 제공하는 음악 플레이어

• 음악과 가사를 동시에 즐길 수 있음

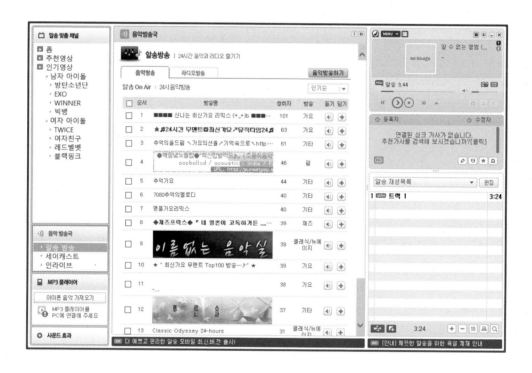

3) PC에 저장된 음악 파일 실행하기

[파일] - [열기] - [폴더 및 파일 열기] 에서 음악 파일을 선택한다.

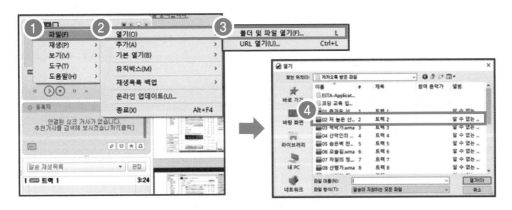

4) 음악 방송 청취하기

[도구] - [음악방송] 에서 원하는 음악을 선택한다.

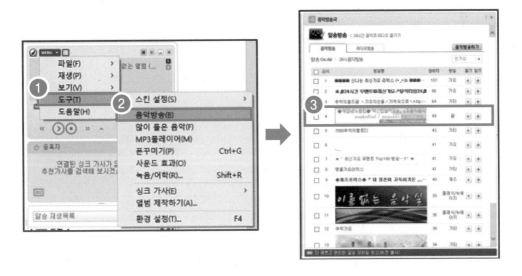

3. 알캡처 활용하기

1) 알캡처 설치하기

2) 알캡처 직접지정

알캡처

- 모니터 화면 안의 무엇이든 원하는 순간에 보이는 그대로 캡처해주는 화면 캡처 프로 그램

- 직접지정 캡처는 물론 창캡처, 단위영역 캡처, 전체화면 캡처, 스크롤 캡처, 지정사 이즈 캡처, 꾸미기 등의 기능을 제공하는 캡처 도구

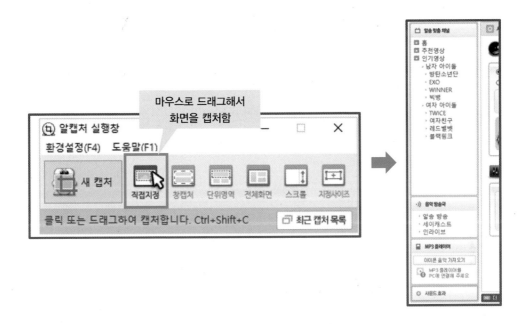

알캡처는 제한 없이 누구나 무료로 사용이 가능함

3) 창캡처 직접지정

[창캡처]를 선택한 후 클릭 또는 드래그하여 원하는 부분을 캡처 한다.

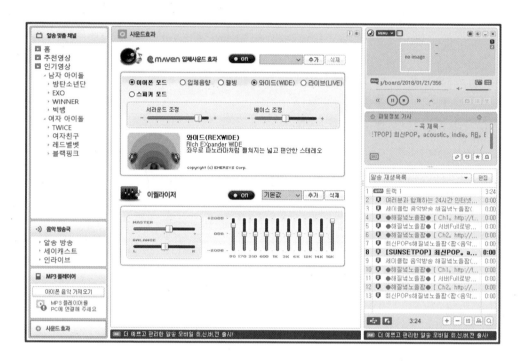

4) 전체화면

[전체화면]을 선택한다.

이때 만일 두 대의 모니터를 사용하고 있었다면 아래 그림처럼 두 대의 모니터의 전체 화면을 모두 캡처한다.

4. 알툴바 활용하기

1) 알툴바 설치하기

2) 알툴바 둘러보기

Tip!

익스플로러에서만 사용할 수 있음

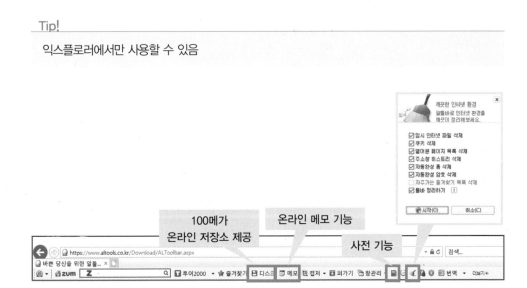

5. 알씨 활용하기

1) 알씨 설치하기

알씨

사진 편집부터 동영상 만들기, 사진 포맷 변환, 자동회전, 일괄편집, 사진 꾸미기 등
편리한 기능을 제공하는 이미지 뷰어 프로그램

2) 알씨 살펴보기

[연속보기]를 클릭하면 사진을 슬라이드쇼로 볼 수 있다.

3) 알씨로 동영상 만들기

화면 하단에 있는 [동영상]을 클릭한다.

[상세꾸미기] 에서 배경음악, 사진당 재생시간을 설정한다.

[간편만들기]에서 자막을 넣을 수 있다.

타임라인에서 화면을 선택한 후 자막을 삽입할 수 있다.

자막에 효과를 적용할 수 있다.

6. 고클린 활용하기

1) 고클린 설치하기

https://software.naver.com/software/summary.nhn?softwareId=MFS_100029
사이트에서 고클린을 다운받아 설치한다.

2) 하드디스크 최적화

[하드디스크 최적화] 를 클릭하여 PC에서 불필요한 파일을 삭제한다.

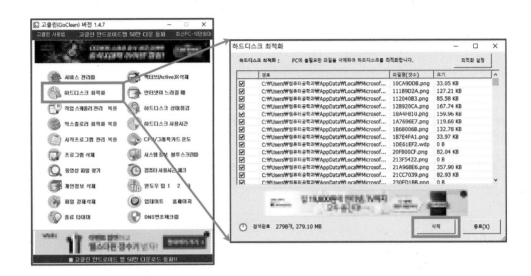

3) 익스플로러 최적화

[익스플로러 최적화]를 클릭하여 익스플로러에 설치된 불필요한 툴바나 BHO 등을 삭제한다.

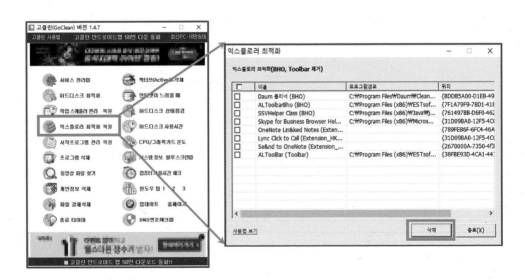

4) 액티브(Active)X 삭제

액티브 X는 순기능보다는 해킹이나 악성코드의 경로로 악용되는 경우가 있어 사용하지 않는 액티브X는 제거하는 것이 보안 및 인터넷 속도 향상에 도움이 된다.

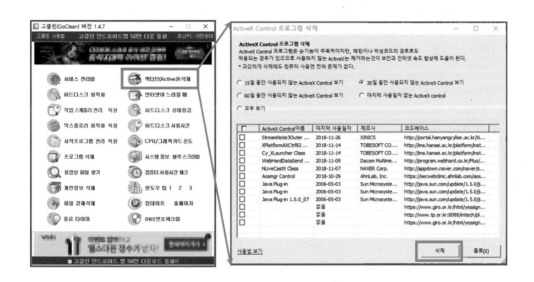

학습정리

1. 알약

   • 백신 프로그램

   • 악성코드의 탐지와 치료 기능을 제공하며, 탐지율이 높고 검사 속도가 빠름

2. 알송

   • 실시간 싱크 가사, 녹음 기능을 제공하는 음악 플레이어

   • 음악과 가사를 동시에 즐길 수 있음

3. 알캡처

   • 모니터 화면 안의 무엇이든 원하는 순간에 보이는 그대로 캡처해주는 화면 캡처 프로그램

   • 직접지정 캡처는 물론 창캡처, 단위영역 캡처, 전체화면 캡처, 스크롤 캡처, 지정사이즈 캡처, 꾸미기 등의 기능을 제공하는 캡처 도구

   • 누구나 무료로 제한 없이 사용이 가능함

4. 고클린

   • 하드디스크 최적화

   • 익스플로러 최적화

   • 액티브 X 삭제

윈도우 7 사용하기

학습목표

- 컴퓨터 운영체제에 대해 설명할 수 있다.
- 윈도우 7의 달라진 기능과 사용자 환경에 유익한 기능들을 활용할 수 있다.
- 시스템을 백업 및 복원할 수 있다.

1. 운영체제의 이해

운영체제(OS, Operating System)란

컴퓨터의 하드웨어를 컨트롤하면서 컴퓨터와 사용자를 연결시켜주는 역할을 하는 시스템 소프트웨어

CPU(프로세서), 메모리, 각종 하드웨어 장치를 관리함

1) 종류

- MS-DOS
- 리눅스(Linux)
- 윈도우(window)
  windows XP
  windows vista
  windows 7
  windows 10
- 유닉스(Unix)

2) 윈도우 7

◢ 윈도우 7 (window 7)

윈도우 XP를 걸쳐서 윈도우 비스타(vista)를 기반으로 더욱 업그레이드 된 새로운 윈도우 운영체제

- 윈도우 비스타의 문제 해결
  드라이버나 응용 프로그램의 호환성 문제를 해결함
- 윈도우 7의 개선사항

윈도우 탐색기

바탕화면

빠른 동작 속도

홈 그룹 기능 추가

인터넷 익스플로러 8의 탑재

이전 윈도우 운영체제보다 가벼움

2. 윈도우 7의 향상된 기능

1) 윈도우 창 관리

■ 에어로 스냅 기능

열려 있는 창을 상하좌우로 드래그하면, 자동으로 화면 크기에 맞춰 창을 배치함

■ 에어로 피크 기능

작업표시줄에 열려 있는 아이콘에 마우스 포인터를 가져가면, 열려 있는 동일 프로그램의 창이 썸네일 형식으로 표시됨

2) 라이브러리 관리

(1) 라이브러리 기능

- 윈도우 탐색기에 라이브러리 기능이 추가되어 하드디스크에 분산 저장되어 있는 폴더나 파일에 한 번에 접근할 수 있음

- 문서, 비디오, 사진, 음악의 기본 4개의 폴더 외에 사용자가 추가로 라이브러리에 폴더를 만들 수 있음

  – 각각의 파일을 저장한 폴더를 다 기억하고 있지 않아도 문서는 라이브러리 '문서' 폴더에서, 사진 파일은 라이브러리의 '사진' 폴더에서 바로 찾을 수 있음

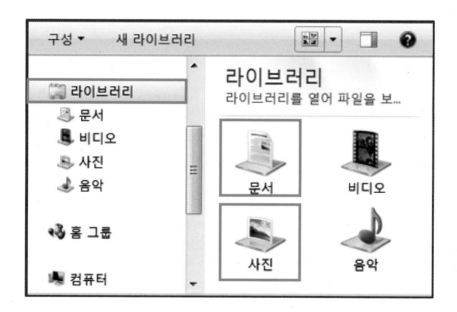

(2) 새 라이브러리 만들기

- 기본 라이브러리 외에 임의의 라이브러리를 만듦

- [탐색기] 〉 [새 라이브러리]를 클릭함

(3) 라이브러리에 폴더 포함하기

- 추가된 라이브러리를 선택한 후 라이브러리에 포함될 폴더를 추가하기 위해 [폴더 포함]을 클릭함

• 라이브러리에 다른 폴더를 추가함

• 새롭게 만든 라이브러리에 추가로 원하는 폴더를 더 포함시킬 수 있음

• 해당 폴더 선택 후 [라이브러리에 포함]을 클릭함

3) 효율적인 전원 관리

(1) 컴퓨터 전원 관리 옵션

균형 조정 (권장)	• 높은 성능이 필요할 때는 최대 성능을 제공하고, 컴퓨터를 사용하지 않을 때는 전력을 절약함
절전	• 시스템 성능과 화면 밝기를 줄여 전력을 절약함 • 노트북PC의 경우 배터리를 최대로 오래 사용할 수 있음
고성능	• 컴퓨터의 성능을 향상시키고 화면 밝기를 최대화하지만, 더 많은 에너지를 사용하여 노트북PC의 경우 배터리 지속 시간이 줄어듦

전원 관리 옵션 만들기

직접 전원 관리 옵션을 만들려면 다음 전원 관리 옵션 중에서 원하는 것과 가장 비슷한 옵션을 선택하여 시작하십시오.

◉ **균형 조정(권장)**
    에너지 소비와 성능 사이의 균형을 자동으로 유지합니다.

◎ 절전
    컴퓨터 성능을 최대로 낮추어 에너지를 절약합니다.

◎ 고성능
    성능에 우위를 두지만 더 많은 에너지를 사용합니다.

(2) 컴퓨터 절전 모드

- 작업을 빠르게 다시 시작할 수 있도록 사용자 세션을 저장하고 컴퓨터를 절전 상태로 전환함

- 컴퓨터를 사용하고 있지 않을 때 컴퓨터의 전원을 효율적으로 관리함

- 컴퓨터의 성능을 최대화하거나 에너지를 절약함

- 디스플레이 끄는 시간을 설정하고, 컴퓨터를 절전 모드로 전환하는 시간을 설정함

- [제어판] 〉 [하드웨어 및 소리] 〉 [전원 옵션]에서 설정함

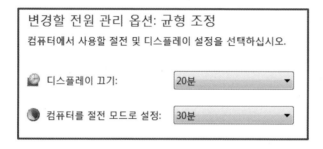

(3) 절전 모드로의 전환

- [시작] 〉 [시스템 종료] 〉 [절전]을 클릭해서 절전 모드로 전환함

- 절전 모드로 전환된 컴퓨터는 마우스를 움직이거나, 아무 키보드 버튼을 클릭해 컴퓨터를 다시 활성화시킴

- 컴퓨터가 절전 모드에서 다시 활성화되면 그 전에 작업하던 작업 창들이 그대로 열림

4) 편리해진 장치 관리

■ 컴퓨터에 설치된 장치(프린터, 스캐너, 모니터, 마우스, 키보드, 팩스, USB 저장소 등)를
직관적으로 확인하고 관리할 수 있음

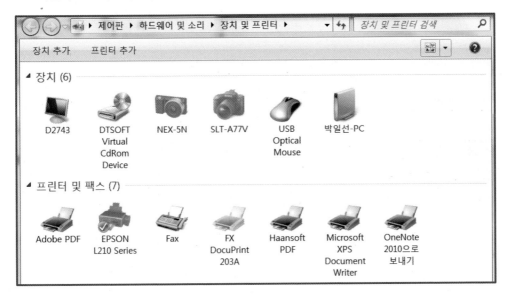

■ [장치 추가]

• 컴퓨터에 연결된 새로운 장치를 표시해 줌

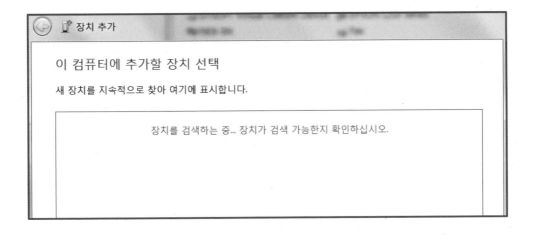

◢ [프린터 추가]

로컬 프린터	내컴퓨터에 직접 케이블로 연결된 프린터인 경우에 사용함
네트워크, 무선, bluetooth 프린터	프린터가 케이블로 직접 연결되어 있지 않고, 네트워크나 무선으로 연결되어 있거나 블루투스로 프린터를 연결해야 하는 경우에 사용함

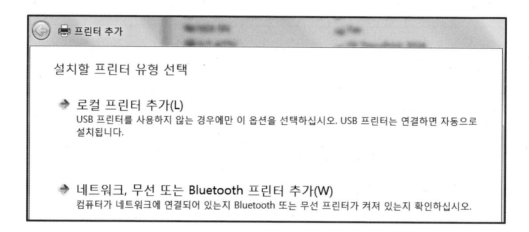

• 프린터를 관리해주는 소프트웨어인 [드라이버]를 설치함

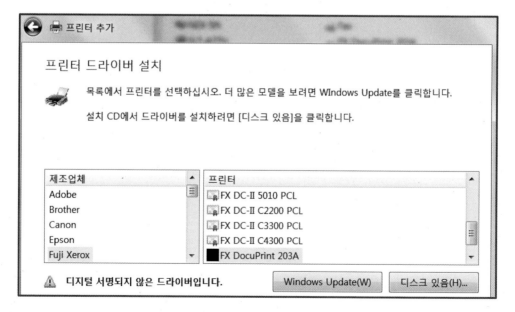

5) 윈도우 7 업데이트

윈도우 7 업데이트

보안상 문제점이나 프로그램의 구조상 문제가 발생할 경우 윈도우 업데이트 기능을 통해 문제를 해결함

◢ 주기적으로 자동으로 설정 시

• 프로그램의 성능과 각종 바이러스, 유해 프로그램 등에 대한 방어 기능을 향상시키고, 내컴퓨터를 최신버전으로 운영할 수 있음

◢ [제어판] 〉 [시스템 및 보안] 〉 [windows update]

• 설치할 업데이트 목록과 목록에 대한 설명을 보면서 설치할 업데이트를 설정할 수 있음

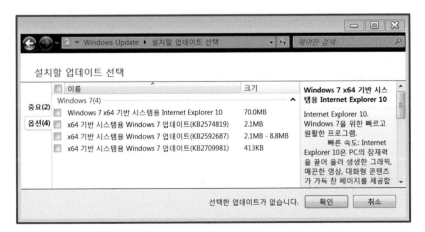

◢ [제어판] 〉[시스템 및 보안] 〉[windows update] 〉[설정 변경]

• 윈도우 업데이트 주기를 설정할 수 있음

• 업데이트를 설치한 후에는 컴퓨터를 다시 시작해야 함

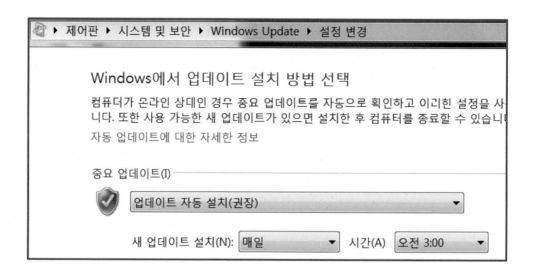

6) 시스템 복원

시스템 복원

특정 복원 지점을 사용하여 개인 작업 파일에 영향을 주지 않고, 시스템 파일과 설정을 이전 시점으로 되돌리는 것

■ [제어판] 〉 [시스템 및 보안] 〉 [시스템] 〉 [시스템 보호]

■ 시스템 보호

• 컴퓨터의 시스템 파일 및 설정에 대한 정보를 정기적으로 만들고 저장하는 기능

• 수정된 파일의 이전 버전도 저장함

• 복원 지점: 7일마다 한 번씩 자동으로 만들어지지만, 언제든지 수동으로 복원 지점을 만들 수 있음

• 시스템 보호의 활용

    컴퓨터가 느리게 실행되거나 제대로 작동하지 않는 경우

    ➔ 컴퓨터의 시스템 파일 및 설정을 복원 지점을 사용한 이전 시점으로 되돌릴 수 있음

    파일 또는 폴더를 실수로 수정하거나 삭제한 경우

    ➔ 복원 지점의 이전 버전으로 해당 파일 또는 폴더를 복원할 수 있음

    • 복원 지점 생성: [제어판] 〉 [시스템 및 보안] 〉 [시스템] 〉 [시스템 보호] 〉 [만들기]

    • 식별할 수 있는 복원 지점 이름을 입력함

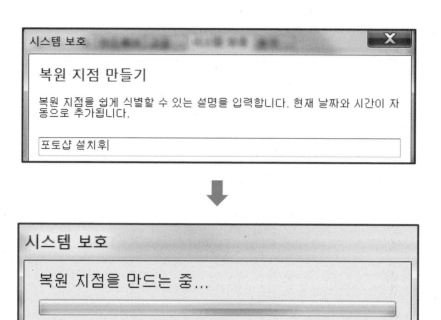

■ 대부분의 시스템 문제는 시스템 복원으로 해결할 수 있음

• 시스템을 복원하면 문서, 사진, 음악 같은 파일은 그대로 두고, 최근의 업데이트나 최근에 설치한 프로그램과 드라이버가 제거될 수 있음

• [제어판] 〉[시스템 및 보안] 〉[관리 센터] 〉[복구] 〉[이 컴퓨터를 이전 지점으로 복원] 〉[시스템 복원 열기]

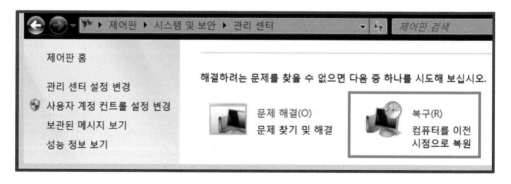

■ 복원 지점 목록에서 문제를 발견한 날짜와 시간 직전에 만들어진 복원 지점을 선택함

• windows update로 제목이 되어 있는 것은 자동으로 만들어진 복원 지점임

	설명	종류
오후 9:02:07	Windows Update	중요 업데이트
오전 9:09:27	Windows Update	중요 업데이트
오후 6:11:08	포토샵 설치후	수동

• 복원이 완료된 후 시스템이 재부팅됨

7) 백업 파일 만들기

백업(backup) 파일 만들기

시스템 파일이나 사용자가 중요하게 여기는 파일, 폴더, 드라이버 등을 외부 저장 매체에 저장해두는 기능

• 백업을 처음 실행할 경우에는 [백업 설정]에서 설정 마법사의 단계를 따라 해야 함

▨ 백업 설정 마법사

❶ [제어판] 〉 [시스템 및 보안] 〉 [백업 및 복원] 〉 [백업 설정]

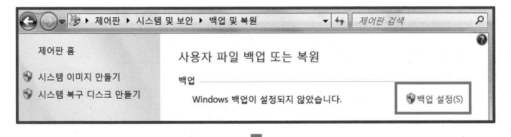

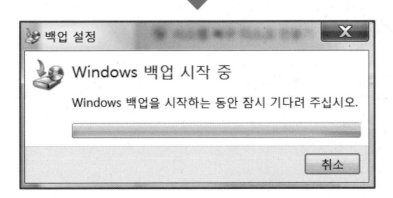

❷ 백업한 파일을 저장할 위치를 지정함

  – 백업 파일은 윈도우가 설치된 하드디스크보다는 외부 하드디스크나 DVD, CD,
    USB 메모리 등에 백업하는 것이 좋음

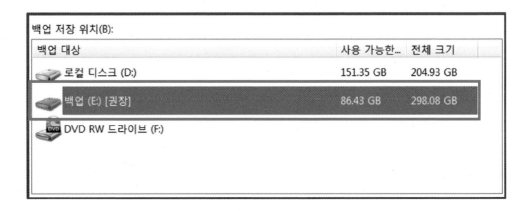

❸ windows 백업을 사용하여 파일을 백업할 때

  – windows에서 백업할 항목이 자동으로 선택되도록 함

  – 사용자가 직접 백업할 개별 폴더나 파일 및 드라이브를 선택할 수 있음

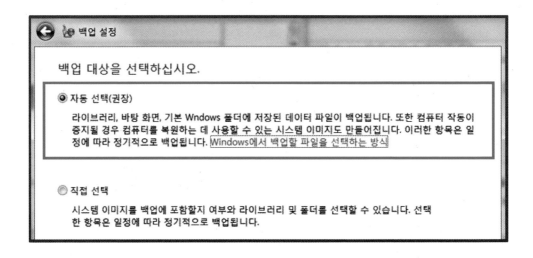

❹ 직접 선택으로 원하는 폴더를 백업 대상으로 선택함

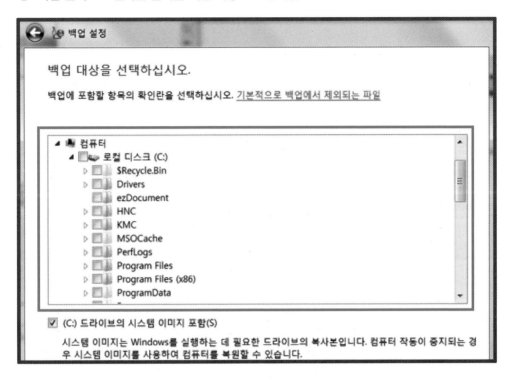

❺ 백업 일정을 변경할 수 있음

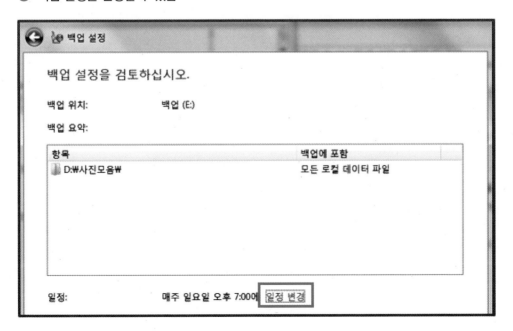

❻ 설정된 일정에 따라 마지막 백업 이후 만든 새 파일과 변경된 파일이 백업에 추가됨

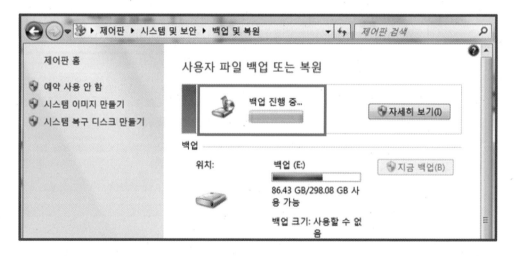

❼ 백업 진행 중

❽ 백업이 끝난 후 만일 백업을 주기적으로 하고 싶지 않으면 [예약 사용 안 함]을 설정함
디스크 용량의 문제로 백업 파일을 삭제할 때는 [공간 관리]에서 삭제할 수 있음

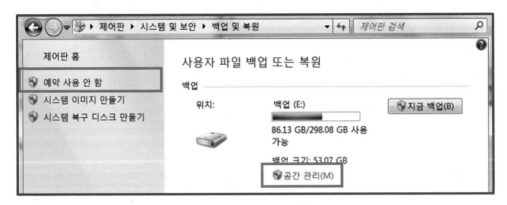

■ 백업 파일 복원하기

❶ [제어판] 〉 [시스템 및 보안] 〉 [백업 및 복원] 〉 [파일 복원]

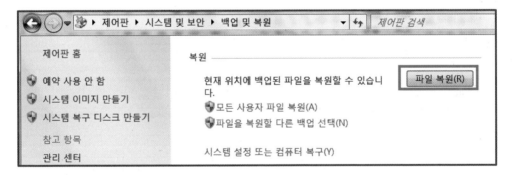

❷ [폴더 찾아보기]에서 복원할 파일 및 폴더를 검색함

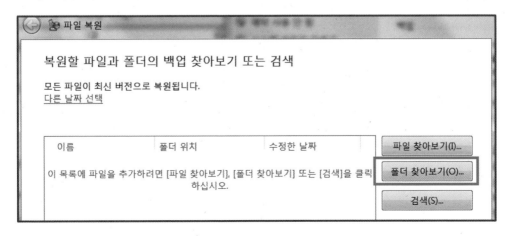

❸ 복원할 백업 폴더가 검색되었으면 원하는 폴더를 선택한 후 [폴더 추가]를 선택함

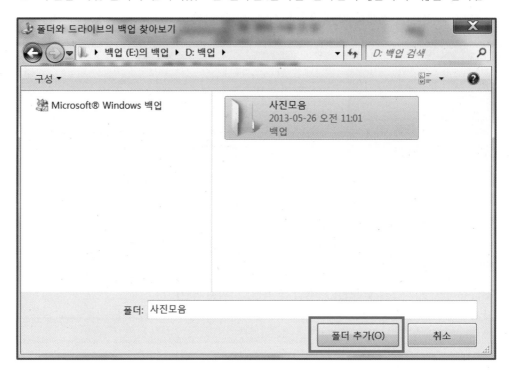

❹ 파일을 복원할 위치를 선택한 후 [복원]을 클릭하여 백업할 폴더를 복원함

3. 기출문제

1) 컴퓨터 활용 능력 2급 필기 기출 문제(2017.9.2)

1. 다음 중 windows 7의 사용자 계정을 통해 사용할 수 있는 기능으로 옳지 않은 것은?

① 관리자 계정의 사용자는 다른 계정의 컴퓨터 사용시간을 제어할 수 있다.

② 관리자 계정의 사용자는 다른 계정의 등급 및 콘텐츠, 제목별로 게임을 제어할 수 있다.

③ 표준 계정의 사용자는 컴퓨터 보안에 영향을 주는 설정을 변경할 수 있다.

④ 표준 계정의 사용자는 컴퓨터에 설치된 대부분의 프로그램을 사용할 수 있고, 자신의 계정에 대한 암호 등을 설정할 수 있다.

해설

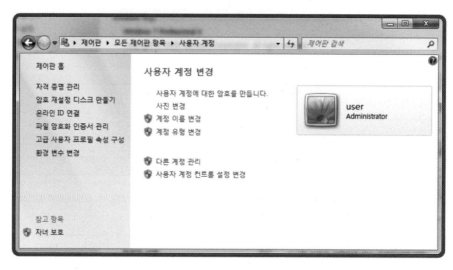

정답   ③

2. 다음 중 windows 7에서 작업 표시줄의 바로가기 메뉴에서 설정할 수 있는 항목으로 옳지 않은 것은?

① 계단식 창 배열   ② 창 가로 정렬 보기

③ 작업 표시줄 잠금   ④ 아이콘 자동 정렬

해설

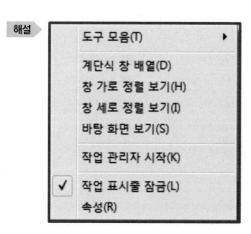

정답   ④

3. 다음 중 컴퓨터의 저장 매체 관리 방법으로 옳지 않은 것은?

① 주기적으로 디스크 정리, 검사, 조각 모음을 수행한다.

② 강한 자성 물체를 외장 하드디스크 주위에 놓지 않는다.

③ 오랜 기간 동안 저장된 데이터는 재 저장한다.

④ 예상치 않은 상황에 대비하여 주기적으로 백업하여 둔다.

해설

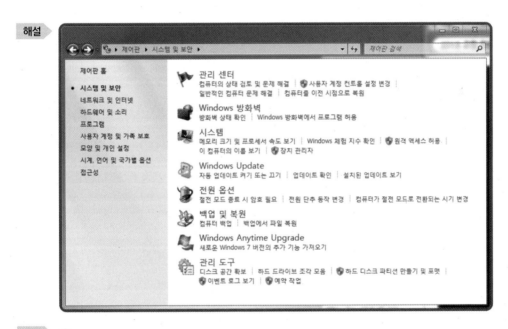

정답　③

4. 다음 중 windows 7의 [windows 탐색기]에 대한 설명으로 옳지 않은 것은?

① 컴퓨터에 설치된 디스크 드라이브, 파일 및 폴더 등을 관리하는 기능을 가진다.

② 폴더와 파일을 계층 구조로 표시하며, 폴더 앞의 기호는 하위 폴더가 있음을 의미한다.

③ 현재 폴더에서 상위 폴더로 이동하려면 바로가기 키인 〈Home〉키를 누른다.

④ 검색 상자를 사용하여 파일이나 폴더를 찾을 수 있으며, 검색은 입력을 시작함과 동시에 시작된다.

해설 ▶ 현재 폴더에서 상위 폴더로 이동하는 바로가기 키는 〈Backspace〉키임.

정답 ▶ ③

5. 다음 중 windows 7에서 제어판의 '프로그램 및 기능'에 대한 설명으로 옳지 않은 것은?

① windows에 포함되어 있는 일부 프로그램 및 기능을 해제할 수 있으며,
기능 해제 시 하드 디스크 공간의 크기도 줄어든다.

② 설치된 응용 프로그램의 제거, 변경 또는 복구 등의 작업을 할 수 있다.

③ 컴퓨터에 설치된 업데이트 목록을 확인할 수 있으며 제거도 가능하다.

④ [프로그램 및 기능]을 이용하여 프로그램을 제거하면 windows가 작동하는 데
영향을 미치지 않도록 프로그램이 정상적으로 삭제된다.

해설

정답 ①

2) 컴퓨터 활용 능력 2급 필기 기출 문제(2017.3.4)

1. 다음 중 windows 7의 홈 그룹에 대한 설명으로 옳지 않은 것은?

① 홈 그룹은 라이브러리 및 프린터를 공유할 수 있게 하는 홈 네트워크의 PC 그룹으로 자신이 공유하고 있는 파일은 해당 권한을 부여하지 않은 한 다른 사람이 변경할 수 없다.

② 홈 그룹이 이미 네트워크에 있는 경우 홈 그룹을 새로 만드는 대신 기존 홈 그룹에 연결하라는 메시지가 표시된나.

③ 전원이 꺼져 있거나 최대 절전 모드 또는 절전 모드인 PC는 홈 그룹에 표시되지 않는다.

④ [제어판]−[네트워크 및 공유 센터]의 [고급 공유 설정]에서 '파일 및 프린터 공유 끄기'를 설정하면 자동으로 [홈 그룹에서 나가기] 마법사가 실행된다.

> **해설** 홈그룹에서 나가기를 선택해야 나갈 수 있음.

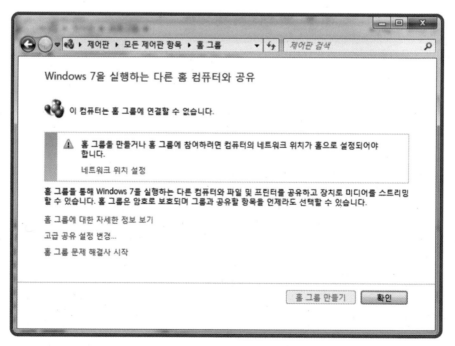

정답 ④

2. 다음 중 windows 원격 지원에 관한 설명으로 옳지 않은 것은?

① 다른 사용자에게 도움을 주기 위해서는 먼저 원격 지원을 시작한 후, 도움 받을 사용자가 들어오는 연결을 기다려야 한다.

② 다른 사용자의 도움을 요청할 때에는 '간단한 연결'을 사용하거나 '도움 요청 파일'을 사용할 수 있다.

③ '간단한 연결'은 두 컴퓨터 모두 windows 7을 실행하고 인터넷에 연결되어 있는 경우에 좋은 방법이다.

④ '도움 요청 파일'은 다른 사용자의 컴퓨터에 연결할 때 사용할 수 있는 특수한 유형의 원격 지원 파일이다.

해설 다른 사용자에게 도움을 주기 위해서는 먼저 원격 지원을 시작한 후,
도움 받을 사용자가 들어와서 동의를 해야 연결할 수 있음.

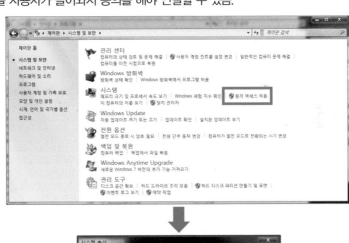

정답 ①

3. 다음 중 windows 7의 제어판에서 시각 장애가 있는 사용자가 컴퓨터를 사용하기에 편리하도록 설정할 수 있는 기능은?

① 동기화 센터

② 사용자 정의 문자 편집기

③ 접근성 센터

④ 프로그램 호환성 마법사

해설

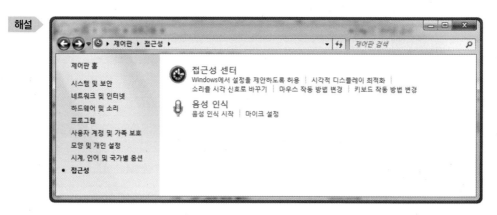

정답 ③

4. 다음 중 windows 7에서 [표준 사용자 계정]의 사용자가 할 수 있는 작업으로 옳지 않은 것은?

① 사용자 자신의 암호를 변경할 수 있다.

② 마우스 포인터의 모양을 변경할 수 있다.

③ 관리자가 설정해 놓은 프린터를 프린터 목록에서 제거할 수 있다.

④ 사용자의 사진으로 자신만의 바탕화면을 설정할 수 있다.

해설

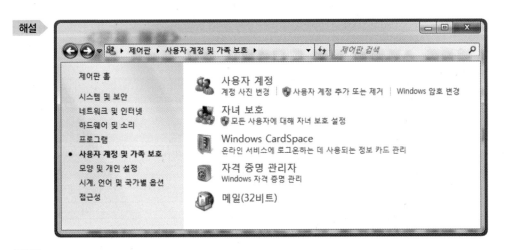

정답 ③

5. 다음 중 windows 7에서 32비트 운영체제제인지 64비트 운영체제제인지 확인하는 방법으로 옳은 것은?

① [시작] 단추의 바로가기 메뉴 – [속성]

② [시작] 단추 – [컴퓨터]의 바로가기 메뉴 – [속성]

③ [시작] 단추 – [제어판]의 바로가기 메뉴 – [시스템]

④ [시작] 단추 – [기본 프로그램]의 바로가기 메뉴 – [열기]

해설 ▷ 시스템–제어판–시스템을 클릭해서 확인할 수 있음.
　　　　 보기에서는 제어판의 바로가기 메뉴라고 되어 있어 틀린 보기임

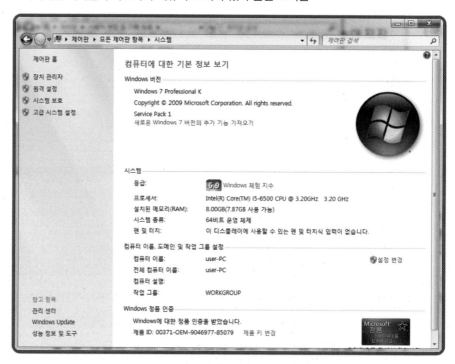

정답 ▷ ②

3) 컴퓨터 활용 능력 2급 필기 기출 문제(2016.10.22)

1. 다음 중 windows 7의 라이브러리 기능에 대한 설명으로 옳은 것은?

① 시작 메뉴의 검색 입력상자가 포함되어 프로그램이나 문서, 그림 등 파일을 신속하게 검색할 수 있다.

② 폴더와 달리 실제로 항목을 저장하지 않고 여러 위치에 저장된 파일 및 폴더의 모음을 표시함으로써 보다 신속하고 편리하게 파일을 관리할 수 있도록 한다.

③ 작업표시줄 프로그램 단추에 마우스 오른쪽 단추를 클릭하면 최근 작업한 프로그램 내용을 보여준다.

④ 자녀들이 컴퓨터를 사용하는 시간뿐만 아니라 프로그램 사용여부 등을 제한하여 안전한 컴퓨터 사용을 유도한다.

해설

정답 ②

2. 다음 중 windows 7의 인쇄 기능에 대한 설명으로 옳지 않은 것은?

① 기본 프린터란, 인쇄 시 특정 프린터를 지정하지 않아도 자동으로 인쇄되는 프린터를 말한다.

② 프린터 속성 창에서 공급용지의 종류, 공유, 포트 등을 설정할 수 있다.

③ 인쇄 대기 중인 작업은 취소시킬 수 있다

④ 인쇄 중인 작업은 취소할 수는 없으나 잠시 중단시킬 수 있다.

해설   인쇄 중인 작업에 대해 취소할 수 있음.

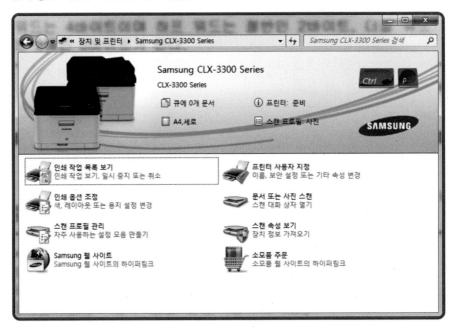

정답

3. 다음 중 windows 7의 [보조프로그램]-[시스템 도구]-[시스템 정보]에서 확인 가능한 각 범주에 대한 설명으로 옳지 않은 것은?

① 시스템 요약: 컴퓨터 이름 및 제조업체, 컴퓨터에서 사용하는 BIOS 유형, 설치된 메모리 용량 등 컴퓨터 및 운영체제에 대한 일반 정보가 표시된다.

② 하드웨어 리소스: 컴퓨터 하드웨어에 대한 IT 전문가용 고급 정보가 표시된다.

③ 구성 요소: CPU와 저장장치를 제외한 입출력 장치의 구성에 대한 정보가 표시된다.

④ 소프트웨어 환경: 드라이버, 네트워크 연결 및 기타 프로그램 관련 정보가 표시된다.

해설

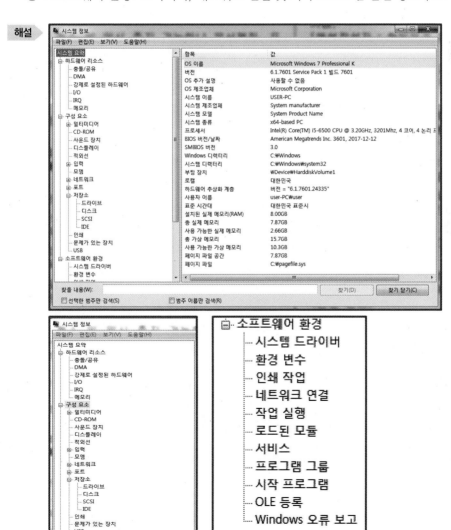

정답 ③

4. 다음 중 windows 7의 디스크 포맷에 관한 설명으로 적절하지 않은 것은?

① 하드 디스크의 트랙 및 섹터를 초기화하는 작업이다.

② 포맷 요소 중 파일 시스템은 문자 파일, 영상 파일, 데이터 파일 등을 관리하기 위한 기능이다.

③ 포맷을 실행하면 디스크의 모든 데이터가 지워진다.

④ 빠른 포맷은 하드 디스크에 새 파일 테이블을 만들지만 디스크를 완전히 덮어쓰거나 지우지 않는 포맷 옵션이다.

해설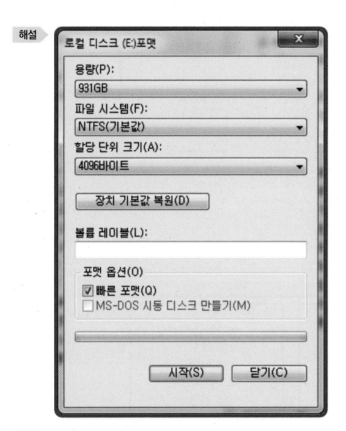

정답   ②

4) 컴퓨터 활용 능력 2급 필기 기출 문제(2016.6.25)

1. 다음 중 windows 7의 시스템 복원 기능에 대한 설명으로 옳지 않은 것은?

① 컴퓨터 시스템에 문제가 생겼을 경우 복원 지점을 이용하여 정상적인 상태로 만드는 기능이다.

② 복원 지점은 시스템에 의해 자동으로 설정되지만, 사용자가 임의로 복원 지점을 설정할 수도 있다.

③ 시스템 복원은 개인 파일을 백업하지 않으므로 삭제되었거나 손상된 개인 파일을 복구할 수 없다.

④ 시스템 복원 시 windows update에 의한 변경 사항은 복원되지 않는다.

해설　시스템 복원 시 windows update에 의한 변경 사항도 복원됨.

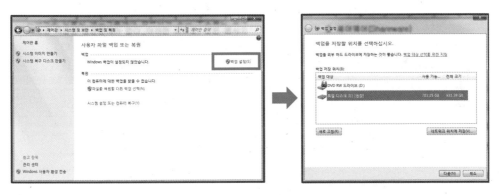

정답　④

2. 다음 중 windows 7의 에어로 피크(aero peek) 기능에 대한 설명으로 옳은 것은?

① 파일이나 폴더의 저장된 위치에 상관없이 종류별로 파일을 구성하고 파일에 액세스할 수 있게 한다.

② 모든 창을 최소화할 필요 없이 바탕화면을 빠르게 미리 보거나 작업 표시줄의 해당 아이콘을 가리켜서 열린 창을 미리 볼 수 있게 한다.

③ 바탕화면의 배경으로 여러 장의 사진을 선택하여 슬라이드 쇼 효과를 주면서 번갈아 표시할 수 있게 한다.

④ 작업 표시줄에서 프로그램 아이콘을 마우스 오른쪽 단추로 클릭하여 최근에 열린 파일 목록을 확인할 수 있게 한다.

해설

모든 창을 최소화할 필요 없이 바탕화면을 빠르게 미리 보거나 작업 표시줄의 해당 아이콘을 가리켜서 열린 창을 미리 볼 수 있게 한다.

정답　②

3. 다음 중 windows 7의 [제어판]-[접근성 센터]에서 설정할 수 있는 기능으로 옳지 않은 것은?

① [돋보기]를 실행하여 화면의 항목을 더 크게 표시할 수 있다.

② [자녀 보호 설정]은 자녀가 컴퓨터를 사용할 수 있는 시간, 실행할 수 있는 게임 유형 및 실행할 수 있는 프로그램을 제한할 수 있다.

③ [화상 키보드]를 실행하여 실제 키보드를 사용하는 대신 화상 키보드를 사용하여 데이터를 입력할 수 있다.

④ [고대비 설정]으로 화면에서 텍스트와 이미지가 보다 뚜렷하고 쉽게 식별되도록 할 수 있다.

해설

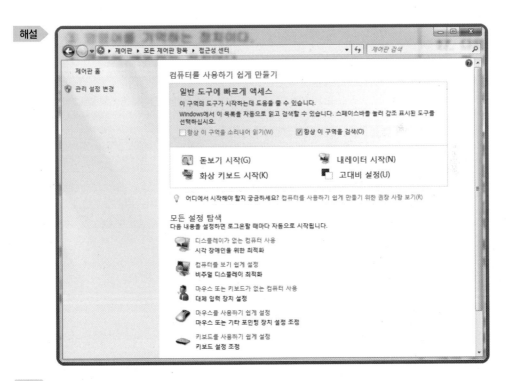

정답 ②

5) 컴퓨터 활용 능력 2급 필기 기출 문제(2016.3.5)

1. 다음 중 windows 7에서 디스크에 저장된 파일의 위치를 재정렬하는 단편화 제거 과정을 통해 디스크에서의 파일 읽기/쓰기 성능을 향상시키는 기능은?

① 디스크 검사

② 디스크 정리

③ 디스크 포맷

④ 디스크 조각 모음

 해설

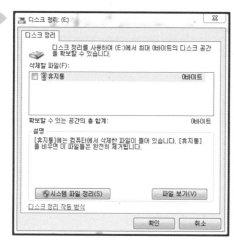

정답 ④

2. 다음 중 windows 7의 제어판 기능 중 [디스플레이]에서 설정할 수 없는 것은?

① 테마 기능을 이용하여 바탕화면의 배경, 창 색, 소리 및 화면 보호기 등을 한 번에 변경할 수 있다.

② 연결되어 있는 모니터의 개수를 감지하고 모니터의 방향과 화면 해상도를 설정할 수 있다.

③ 화면에 표시되는 텍스트를 읽기 쉽도록 사용자 지정 텍스트 크기(DPI)를 설정할 수 있다.

④ clear type 텍스트 조정을 이용하여 텍스트의 가독성을 향상시킬 수 있다.

해설 　바탕화면의 배경, 창 색, 소리 및 화면 보호기 등의 변경은 개인 설정에서 할 수 있다.

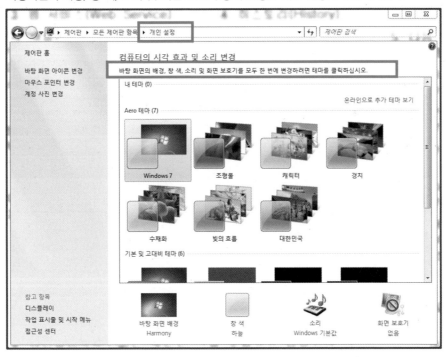

정답　①

3. 다음 중 windows 7에서 기본으로 제공되어 설치된 게임 프로그램을 삭제하기 위한 방법으로 가장 적절한 것은?

① 제어판 – 프로그램 및 기능 – 프로그램 제거 또는 변경

② 제어판 – 프로그램 및 기능 – 설치된 업데이트 보기

③ 제어판 – 프로그램 및 기능 – windows 기능 사용/사용 안 함

④ 제어판 – 기본 프로그램 – 기본 프로그램 설정

> **해설** 사용자가 설치한 프로그램을 삭제하기 위해서는 프로그램 제거 또는 변경이지만 기본으로 제공되는 프로그램은 windows 기능 사용/사용 안 함을 이용해야 함.

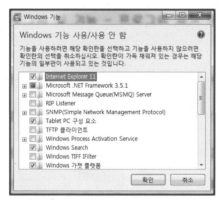

정답 ③

4. 다음 중 windows 7의 [작업 표시줄 및 시작 메뉴 속성] 창에 대한 설명으로 옳지 않은 것은?

① 작업 표시줄이 꽉 차면 작업 표시줄 단추의 크기가 자동 조정되도록 선택할 수 있다.

② [시작] 메뉴의 링크, 아이콘, 메뉴 모양 및 동작을 사용자 지정할 수 있다.

③ 알림 영역에서 표시할 아이콘과 알림을 선택할 수 있다.

④ 전원 단추를 눌렀을 때의 동작을 선택할 수 있다.

> **해설** 작업 표시줄 단추의 크기를 조정할 수 없음.

 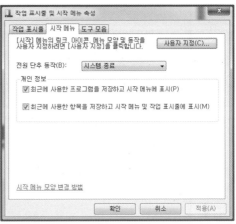

> **정답** ①

5. 다음 중 windows 7에서 유해한 프로그램이나 불법 사용자가 컴퓨터 설정을 임의로 변경
하려는 경우 이를 사용자에게 알려 컴퓨터를 제어할 수 있도록 도와주는 기능은?

① 사용자 계정 컨트롤

② windows defender

③ bitlocker

④ 시스템 복원

해설

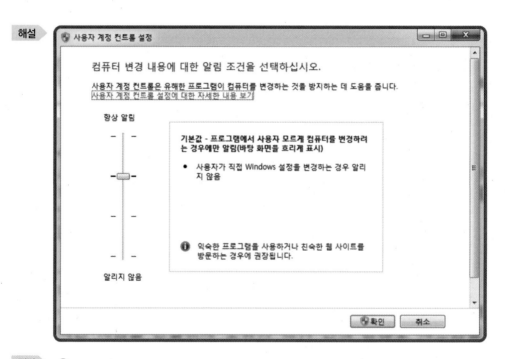

정답   ②

6. 다음 중 프린터 인쇄 시 발생할 수 있는 문제의 해결 방안으로 가장 적절하지 않은 것은?

① 인쇄가 되지 않을 경우 먼저 프린터의 전원이나 케이블 연결 상태를 확인한다.

② 프린터의 스풀 에러가 발생한 경우 프린트 스풀러 서비스를 중지하고 수동으로 다시 인쇄한다.

③ 글자가 이상하게 인쇄될 경우 시스템을 재부팅한 후 인쇄해 보고, 같은 결과가 나타나면 프린터 드라이버를 다시 설치한다.

④ 인쇄물의 상태가 좋지 않은 경우 헤드를 청소하거나 카트리지를 교환한다.

해설   스풀 에러가 발생한 경우 스풀 기능을 사용하지 않고 인쇄를 설정해서 다시 인쇄할 수 있음.

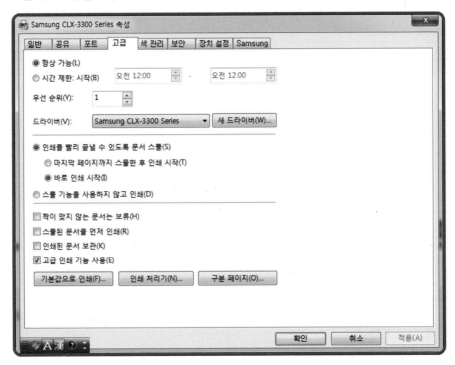

정답   ②

학습정리

1. 원도우 창 관리

- 에어로 피크/스냅 기능으로 윈도우 창 관리가 편리해짐

2. 라이브러리 관리

- 하드디스크에 분산 저장되어 있는 폴더나 파일에 한번에 접근할 수 있게 함

- 문서, 비디오, 사진, 음악 등 4개의 기본 폴더로 구성됨

3. 효율적인 전원 관리

- 절전 모드에서는 작업을 빠르게 다시 시작할 수 있도록 사용자 세션을 저장하고, 컴퓨터를 절전 상태로 전환하면서 컴퓨터의 성능을 최대화하거나 에너지를 절약할 수 있음

4. 편리해진 장치 관리

- 컴퓨터에 설치된 장치(프린터, 스캐너, 모니터, 마우스, 키보드, 팩스, USB 저장소 등)를 직관적으로 확인하고 관리할 수 있음

5. 윈도우 7 업데이트

- 윈도우의 보안상 문제점이나 프로그램의 구조상 문제가 발생할 경우 윈도우 업데이트 기능을 통해 문제를 해결함

- 윈도우 업데이트는 프로그램의 성능과 각종 바이러스, 유해 프로그램 등에 대한 방어 기능을 향상시키고, 내 컴퓨터를 최신버전으로 운영함

6. 시스템 복원

- 특정 복원 지점을 사용하여 개인 작업 파일에 영향을 주지 않고, 시스템 파일과 설정을 이전 시점으로 되돌리는 것

7. 백업(backup) 파일 만들기

- 시스템 파일이나 사용자가 중요하게 여기는 파일, 폴더, 드라이버 등을 외부 저장매체에 저장해두는 기능

컴퓨터 활용 능력 2급 기출문제 풀이

학습목차

학습목표

- 컴퓨터 활용 능력 시험에 대비할 수 있다.
- 컴퓨터 관련 용어를 정리할 수 있다.
- 컴퓨터 사용 능력을 향상 시킬 수 있다.

1. 컴퓨터 활용 능력 2018년 9월 1일 기출문제 풀이

1. 다음 중 그래픽 데이터의 표현에서 벡터(Vector) 방식에 관한 설명으로 옳은 것은?

　① 점과 점을 연결하는 직선 또는 곡선을 이용하여 이미지를 표현한다.

　② 이미지를 확대하면 테두리에 계단 현상과 같은 앨리어싱이 발생한다.

　③ 래스터 방식이라고도 하며 화면 표시 속도가 빠르다.

　④ 많은 픽셀로 정교하고 다양한 색상을 표시할 수 있다.

해설　벡터(Vector) 방식

　　– 점과 점을 연결하는 직선 또는 곡선을 이용하여 이미지를 표현함.

　　– 그래픽, 이미지를 확대해도 이미지에 계단 현상이 나타나지 않음

　　– 고해상도 표현에는 적합하지 않음.

　　비트맵 형식

　　– 디지털 카메라에서 주로 쓰는 JPG를 비롯해서 BMP, GIF 등이 있음.

　　– 이미지를 많이 확대하면 계단 현상이 발생함.

정답　①

2. 다음 중 멀티미디어와 관련된 용어에 대한 설명으로 옳지 않은 것은?

① VR이란 컴퓨터가 만들어 낸 가상세계의 다양한 경험을 체험할 수 있도록 하는 컴퓨터 그래픽 기술과 시뮬레이션 기능 등 관련 기술을 통틀어 말한다.

② LBS란 멀티미디어 기능 강화 실시간 TV와 생활정보, 교육 등의 방송 서비스를 말한다.

③ VCS란 화상회의시스템으로 초고속 정보통신망을 이용하여 멀리 떨어져 있는 사람들과 비디오와 오디오를 통해 회의할 수 있도록 하는 멀티미디어 시스템이다.

④ VOD란 주문형 비디오로 보고 싶은 영화나 스포츠 뉴스, 홈 쇼핑 등 가입자가 원하는 시간에 원하는 프로그램을 선택하여 시청할 수 있도록 하는 멀티미디어 서비스이다.

해설 ▶ LBS (Location Based Service)

GPS를 통해 얻은 위치 정보를 바탕으로 서비스를 제공함.

예) 네비게이션

정답 ▶ ②

3. 다음 중 Windows에서 아래 그림의 [오류 검사]에 관한 설명으로 옳지 않은 것은?

① 폴더와 파일의 오류를 검사하여 발견된 오류를 복구한다.

② 디스크의 물리적 손상 영역인 불량 섹터를 검출한다.

③ 네트워크 드라이브를 선택하여 오류 검사를 할 수 있다.

④ 시스템 성능 향상을 위해 정기적으로 수행하는 것이 좋다.

해설 ▶ 네트워크 드라이브에는 오류 검사가 없음.

정답 ▶ ③

4. 다음 중 Windows 사용 시 메모리(RAM) 용량 부족 문제의 해결 방법으로 가장 적절하지 않은 것은?

① 불필요한 프로그램을 종료한다.

② 불필요한 자동 시작 프로그램을 삭제한다.

③ 시스템 속성 창에서 가상 메모리의 크기를 적절히 설정한다.

④ 휴지통에 있는 파일을 삭제한다.

> **해설** 휴지통에 있는 파일을 삭제하면 하드디스크 저장용량은 확장되지만 RAM과는 상관없음.

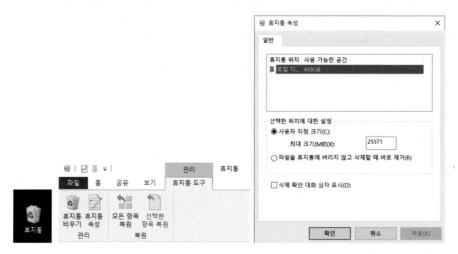

> **정답** ④

5. 다음 중 Windows에서 바로 가기 아이콘에 대한 설명으로 옳지 않은 것은?

① 원본 파일이 있는 위치와 다른 위치에 만들 수 있다.

② 원본 파일을 삭제하여도 바로 가기 아이콘을 실행할 수 있다.

③ 바로 가기 아이콘의 확장자는 LNK 이다.

④ 하나의 원본 파일에 대하여 여러 개의 바로 가기 아이콘을 만들 수 있다.

> **해설** 원본 파일을 삭제하면 바로가기 아이콘을 실행할 수 없음.

> **정답** ②

6. 다음 중 Windows에 포함되어 있는 백신 프로그램으로 스파이웨어 및 그 밖의 원치 않는 소프트웨어로부터 컴퓨터를 보호할 수 있는 것은?

① Windows Defender

② BitLocker

③ Archive

④ Malware

해설

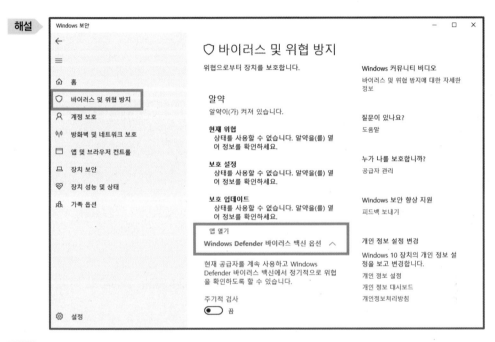

정답 ①

7. 다음 중 Windows의 작업 표시줄에 대한 설명으로 옳지 않은 것은?

① 작업 표시줄 잠금을 설정하여 작업 표시줄의 위치나 크기를 변경하지 못하도록 할 수 있다.

② 마우스 포인터 위치에 따라 작업 표시줄이 표시되지 않도록 작업 표시줄 자동 숨기기를 설정할 수 있다.

③ 작업 표시줄의 오른쪽 끝에 있는 [바탕 화면 보기] 단추를 클릭하여 바탕 화면이 표시되도록 할 수 있다.

④ [작업 표시줄 아이콘 만들기] 기능을 이용하여 작업 표시줄의 바로 가기 아이콘을 바탕 화면에 설정할 수 있다.

해설 ▶ 작업 표시줄 속성에 작업 표시줄 잠금, 자동 숨기기, 바탕 화면 미리보기 기능은 있음

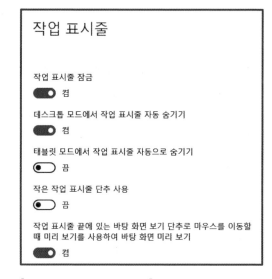

[작업 표시줄 아이콘 만들기] 기능은 없음

정답 ▶ ④

8. 다음 중 컴퓨터의 보조기억장치로 사용하는 SSD(Solid State Drive)의 특징으로 옳지 않은 것은?

① HDD보다 빠른 속도로 데이터의 읽기나 쓰기가 가능하다.

② 물리적인 외부 충격에 약하며 불량 섹터가 발생할 수 있다.

③ 작동 소음이 없으며 전력소모가 적다.

④ 자기 디스크가 아닌 반도체를 이용하여 데이터를 저장한다.

해설 ▶ Solid State Drive

직역하면 고형 상태 보조기억장치로, Solid-state에는 고체상태라는 의미 이외에 소체(트랜지스터)라는 의미도 있다. 간혹 SSD 하드디스크, SSD하드 등으로 SSD를 <u>하드디스크</u>의 한 종류인 듯 표기하는 오류를 보인다. SSD와 하드디스크는 구조적으로 완전히 다르므로 표기에 주의하자. 다만 용도는 <u>기억장치</u>로써 동일하다

출처: https://namu.wiki/w/SSD

정답 ▶ ②

9. 다음 중 PC의 BIOS(Basic Input Output System)에 관한 설명으로 옳지 않은 것은?

① 기본 입출력장치나 메모리 등 하드웨어 작동에 필요한 명령을 모아 놓은 프로그램이다.

② 전원이 켜지면 POST(Power On Self Test)를 통해 컴퓨터를 점검하고 사용 가능한 장치를 초기화한다.

③ RAM에 저장되며, 펌웨어라고도 한다.

④ 칩을 교환하지 않고도 업그레이드를 할 수 있다.

> **해설** ▶ **BIOS(Basic Input Output System)** ROM에 저장됨
>
> ROM – 공장에서 프로그램을 저장할 수 있음. 한 번 사용함.
>
> PROM – 사용자가 프로그램을 저장할 수 있음. 한 번 사용함.
>
> EPROM – 사용자가 프로그림을 저장하고 지울 수 있음. 지우는 시간이 오래 걸림.
>
> EEPROM – 사용자가 프로그림을 저장하고 지울 수 있음. 지우는 시간이 빠름.
>   – 칩을 교환하지 안고도 업그레이드를 할 수 있다.

> **정답** ▶ ④

10. 다음 중 제어장치에서 사용되는 레지스터로 다음 번에 실행할 명령어의 번지를 기억하는 것은?

① 프로그램 카운터(PC)

② 누산기(AC)

③ 메모리 주소 레지스터(MAR)

④ 메모리 버퍼 레지스터(MBR)

> **해설** ▶ 누산기 (Accumulator) – 연산 결과를 일시적으로 저장함.
>
> 메모리 주소 레지스터(MAR) – 주소를 저장함.
>
> 메모리 버퍼 레지스터(MBR) – 데이터를 저장함.

> **정답** ▶ ①

11. 다음 중 컴퓨터 운영체제에 관한 설명으로 옳지 않은 것은?

① 운영체제는 컴퓨터가 작동하는 동안 하드 디스크에 위치하여 실행된다.

② 프로세스, 기억장치, 주변장치, 파일 등의 관리가 주요 기능이다.

③ 운영체제의 평가 항목으로 처리 능력, 응답시간, 사용 가능도, 신뢰도 등이 있다.

④ 사용자들 간의 하드웨어 공동 사용 및 자원의 스케줄링을 수행한다.

해설   운영체제는 컴퓨터가 작동하는 동안 주기억장치(RAM)에 위치하여 실행됨.

정답   ①

12. 다음 중 아래의 ㉠, ㉡, ㉢에 해당하는 소프트웨어의 종류를 올바르게 짝지어 나열한 것은?

> 홍길동은 어떤 프로그램이 좋은지 알아보기 위해 ㉠ 누구나 임의의 용도로 사용할 수 있는 프로그램과 ㉡ 주로 일정 기간동안 일부 기능을 제한한 상태로 사용하는 프로그램을 먼저 사용해 보고, 가장 적합한 ㉢ 프로그램을 구입하여 사용하려고 한다.

① ㉠ 프리웨어, ㉡ 셰어웨어, ㉢ 상용 소프트웨어

② ㉠ 셰어웨어, ㉡ 프리웨어, ㉢ 상용 소프트웨어

③ ㉠ 상용 소프트웨어, ㉡ 셰어웨어, ㉢ 프리웨어

④ ㉠ 셰어웨어, ㉡ 상용 소프트웨어, ㉢ 프리웨어

해설   ㉠ 프리웨어 – Free 자유롭게 사용 가능함

㉡ 셰어웨어 – 데모 또는 평가 판으로 배포됨

㉢ 상용 소프트웨어 – 상품으로 판매됨

정답   ①

13. 다음 중 1GB(Giga Byte)에 해당하는 것은?

① 1024 Bytes

② 1024 × 1024 Bytes

③ 1024 × 1024 × 1024 Bytes

④ 1024 × 1024 × 1024 × 1024 Bytes

해설 컴퓨터에서는 1024를 1K라고 함. (물리에서 1K는 10^3)

1KB(Kilo) – 10^3

1MB(Mega) – $10^6 = 10^3 × 10^3$

1GB(Giga) – $10^9 = 10^3 × 10^6 = 10^3 × 10^3 × 10^3$

1TB(Tera) – $10^{12} = 10^6 × 10^6 = 10^3 × 10^3 × 10^3 × 10^3$

정답 ③

14. 다음 중 처리하는 데이터에 따라 분류되는 디지털 컴퓨터의 특징으로 옳은 것은?

① 산술이나 논리 연산을 한다.

② 증폭 회로를 사용한다.

③ 프로그래밍이 필요 없다.

④ 기억 기능이 없다.

해설 디지털 컴퓨터의 특징

ALU (Arithmetic Logic Unit) – 산술 논리 장치

프로그래밍이 필수적으로 필요함.

기억 능력이 있음.

정답 ①

15. 다음 중 컴퓨터 사용 시 발생할 수 있는 바이러스 감염에 대한 예방법으로 적절하지 않은 것은?

① 방화벽을 설정하여 사용한다.

② 의심이 가는 메일은 열지 않고 삭제한다.

③ 백신 프로그램을 최신 버전으로 업데이트하여 실행한다.

④ 정기적으로 Windows의 [디스크 정리]를 실행한다.

해설 디스크 정리는 불필요한 파일을 삭제하여 디스크의 사용 가능한 공간을 늘림.

정답 ④

16. 다음 중 유명 기업이나 금융기관을 사칭한 가짜 웹 사이트나 이메일 등으로 개인의 금융 정보와 비밀번호를 입력하도록 유도하여 예금 인출 및 다른 범죄에 이용하는 컴퓨터 범죄 유형은?

① 웜(Worm)   ② 해킹(Hacking)

③ 피싱(Phishing)   ④ 스니핑(Sniffing)

해설 **컴퓨터 웜**(computer worm)은 스스로를 복제하는 컴퓨터 프로그램이다. 컴퓨터 바이러스와 비슷하다. 바이러스가 다른 실행 프로그램에 기생하여 실행되는 데 반해 웜은 독자적으로 실행되며 다른 실행 프로그램이 필요하지 않다.

출처: https://ko.wikipedia.org

스니핑 (Sniffing)
네트워크 주변을 지나다니는 패킷을 엿보는 행위이다. 300바이트 정도만 가로챌 수 있어도 계정의 ID, 패스워드를 훔칠 수 있기에 보안에 큰 타격을 줄 수 있다.

출처: https://ko.wikipedia.org

피싱(phishing)은 전자우편 또는 메신저를 사용해서 신뢰할 수 있는 사람 또는 기업이 보낸 메시지인 것처럼 가장함으로써, 비밀번호 및 신용카드 정보와 같이 기밀을 요하는 정보를 부정하게 얻으려는 목적으로 사용함.

출처: https://ko.wikipedia.org

해킹(hacking)은 불법적으로 정보를 열람, 복제, 변경 가능하게 하는 행위를 광범위하게 의미함

출처: https://ko.wikipedia.org

정답 ③

17. 다음 중 [제어판]에서 [인터넷 옵션] 창의 [일반] 탭을 이용하여 설정할 수 있는 작업으로 옳지 않은 것은?

① 마지막 세션 또는 기본 홈페이지로 웹 브라우저의 시작 여부를 설정할 수 있다.

② 임시 파일, 열어본 페이지 목록, 쿠키 등을 삭제할 수 있다.

③ 웹 페이지의 색, 언어, 글꼴, 접근성 등을 설정할 수 있다.

④ 기본 웹 브라우저와 HTML 편집 프로그램을 설정할 수 있다.

해설

정답 ④

18. 다음 중 사물에 전자 태그를 부착하고 무선 통신을 이용하여 사물의 정보 및 주변 상황 정보를 감지하는 센서 기술은?

① 텔레매틱스   ② DMB

③ W-CDMA   ④ RFID

해설 **RFID**(Radio-Frequency Identification)

주파수를 이용해 ID를 식별하는 방식으로 일명 전자태그라고 함.

출처: https://ko.wikipedia.org

정답 ④

19. 다음 중 Windows의 [명령 프롬프트] 창에서 사용하는 PING 서비스에 대한 설명으로 옳은 것은?

① 원격으로 다른 컴퓨터를 사용할 수 있는 서비스이다.

② 인터넷이 정상적으로 연결되었는지 확인하는 서비스이다.

③ 인터넷 서버까지의 경로를 추적하는 서비스이다.

④ 특정 시스템을 사용하고 있는 사용자 정보를 알아보는 서비스이다.

해설 **PING**

<u>IP 네트워크</u>를 통해 특정한 <u>호스트</u>가 도달할 수 있는지의 여부를 테스트하는 데 쓰이는 <u>컴퓨터 네트워크</u> 도구의 하나임.

출처: https://ko.wikipedia.org

정답 ②

20. 다음 중 정보통신에서 네트워크 관련 장비에 대한 설명으로 옳지 않은 것은?

① 라우터(Router) : 네트워크를 구성하기 위해 반드시 필요한 장비로 정보 전송을 위한 최적의 경로를 찾아 통신망에 연결하는 장치

② 허브(Hub) : 네트워크를 구성할 때 여러 대의 컴퓨터를 연결하고, 각 회선들을 통합 관리하는 장치

③ 브리지(Bridge) : 네트워크를 구성할 때 디지털 신호를 아날로그 신호로 변환하여 전송하고 다시 수신된 신호를 원래대로 변환하기 위한 전송 장치

④ 게이트웨이(Gateway) : 한 네트워크에서 다른 네트워크로 들어가는 입구 역할을 하는 장치로 근거리통신망(LAN)과 같은 하나의 네트워크를 다른 네트워크와 연결할 때 사용되는 장치

해설 **네트워크 브리지**(network bridge, 문화어: 망다리)는 OSI 모델의 데이터 링크 계층에 있는 여러 개의 네트워크 세그먼트를 연결해 준다.

MODEM (Modulation Demodulation)
변조 복조를 의미함. 네트워크를 구성할 때 디지털 신호를 아날로그 신호로 변환하여 전송하고 다시 수신된 신호를 원래대로 변환하기 위한 전송 장치.

정답 ③

2. 컴퓨터 활용 능력 2018년 3월 3일 기출문제 풀이

1. 다음 중 멀티미디어에 대한 설명으로 옳지 않은 것은?

① 멀티미디어 데이터는 다양한 하드웨어와 소프트웨어 환경에서 생성, 처리, 전송, 이용되므로 상호 호환되기 위한 표준이 필요하다.

② 멀티미디어는 텍스트, 이미지, 사운드, 애니메이션, 동영상 등의 데이터를 아날로그화 시킨 복합 구성 매체이다.

③ 가상현실, 전자출판, 화상회의, 방송, 교육, 의료 등 사회 전 분야에서 활용되고 있다.

④ 사용자는 정보 제공자와의 상호작용을 통해 어떤 정보를 언제 어떠한 형태로 얻을 것인지 결정하여 데이터를 전달 받을 수도 있다.

해설 멀티미디어는 텍스트, 이미지, 사운드, 애니메이션, 동영상 등의 데이터를 **디지털화** 시킨 복합 구성 매체이다.

정답 ②

2. 다음 중 비트맵 이미지를 확대하였을 때 이미지의 경계선이 매끄럽지 않고 계단 형태로 나타나는 현상을 의미하는 용어는?

① 디더링(dithering)   ② 앨리어싱(aliasing)

③ 모델링(modeling)   ④ 렌더링(rendering)

해설 앨리어싱(aliasing) 현상

이미지를 확대했을 때 나타나는 계단 현상

정답 ②

3. 다음 중 정보사회의 문제점으로 적절하지 않은 것은?

① 정보기술을 이용한 컴퓨터 범죄가 증가할 수 있다.

② VDT증후군과 같은 컴퓨터 관련 직업병이 발생할 수 있다.

③ 정보의 편중으로 계층 간의 정보수준 차이가 감소할 수 있다.

④ 정보처리 기술로 인간관계의 유대감이 약화될 가능성도 있다.

해설 정보 사회의 문제점

정보의 편중으로 계층 간의 정보수준 차이가 **증가**할 수 있다.

VDT증후군 (Visual Display Terminal Syndrome)
컴퓨터 모니터 등 VDT를 보면서 장시간 작업을 하고 난 뒤에 발생하는 안 증상과
근골격계 증상, 피부 증상, 정신신경계 증상을 통틀어 일컫는 말임.

https://ko.wikipedia.org/

정답 ③

4. 다음 중 모든 사물을 네트워크로 연결하여 인간과 사물, 사물과 사물 간에 언제 어디서나 서로 소통할 수 있게 하는 새로운 정보통신 환경을 의미하는 것은?

① 클라우드 컴퓨팅(Cloud Computing)

② RSS(Rich Site Summary)

③ IoT(Internet of Things)

④ 빅 데이터(Big Data)

해설 **사물인터넷** (Internet of Things, 약어로 IoT)

각종 사물에 센서와 통신 기능을 내장하여 인터넷에 연결하는 기술. 즉, 무선 통신을 통해 각종 사물을 연결하는 기술을 의미한다

출처: https://ko.wikipedia.org

정답 ③

5. 다음 중 언어 번역 프로그램인 컴파일러와 인터프리터의 차이점에 대한 설명으로 옳지 않은 것은?

① 컴파일러는 프로그램 전체를 번역하고, 인터프리터는 한 줄씩 번역한다.

② 컴파일러는 목적 프로그램을 생성하고, 인터프리터는 생성하지 않는다.

③ 컴파일러는 실행 속도가 빠르고, 인터프리터는 실행 속도가 느리다.

④ 컴파일러는 번역 속도가 빠르고, 인터프리터는 번역 속도가 느리다.

해설 컴파일러 사용 언어 - C 언어

인터프리터 사용 언어 - 파이썬

컴파일러와 인터프리터의 차이점
컴파일러는 프로그램 전체를 번역하고, 인터프리터는 한 줄씩 번역한다.
컴파일러는 목적 프로그램을 생성하고, 인터프리터는 생성하지 않는다.
컴파일러는 실행 속도가 빠르고, 인터프리터는 실행 속도가 느리다.
컴파일러는 번역 속도가 **느리고**, 인터프리터는 번역 속도가 **빠르다**.

정답 ④

6. 다음 중 인터넷에서 사용하는 FTP 프로토콜에 관한 설명으로 옳지 않은 것은?

① FTP 서비스를 사용하기 위해서는 일반적으로 해당 사이트의 계정을 가지고 있어야 한다.

② 파일의 업로드, 다운로드, 삭제, 이름 변경 등의 작업을 할 수 있다.

③ FTP 서버에 있는 응용 프로그램들을 실행할 수 있다.

④ 데이터 전송을 위하여 Binary 모드와 ASCII 모드를 제공한다.

해설 **파일 전송 프로토콜**(File Transfer Protocol, **FTP**)

서버와 클라이언트 사이의 파일 전송을 하기 위한 프로토콜임.

FTP 서버에 있는 응용 프로그램들을 실행할 수 **없음**.

정답 ③

7. 다음 중 인터넷을 이용할 때 자주 방문하게 되는 웹 사이트로 전자우편, 뉴스, 쇼핑, 게시판 등 다양한 서비스를 통합하여 제공하는 사이트를 의미하는 것은?

① 미러 사이트

② 포털 사이트

③ 커뮤니티 사이트

④ 멀티미디어 사이트

해설 ▶ 포털 사이트

"포털"(portal)이라는 단어는 영어 낱말로서 "정문" 또는 "입구"를 뜻함.

포털 사이트들은 사용자들이 필요로 하는 정보 또는 그에 대한 메타데이터를 종합적으로 제공한다. 초기에는 검색 서비스와 전자 메일 위주였으나 점차적으로 온라인 데이터베이스, 뉴스, 홈쇼핑, 블로그 등 다양한 서비스를 제공하고 있다. 대표적인 포털 사이트로는 네이버, 다음 등이 있음.

출처: https://ko.wikipedia.org/wiki/포털_사이트

정답 ▶ ②

8. 다음 중 인터넷에 대한 설명으로 적절하지 않은 것은?

① URL은 인터넷 상에 있는 각종 자원의 위치를 나타내는 표준 주소 체계이다.

② 인터넷은 TCP/IP 프로토콜을 통해 연결된 상업용 네트워크로 중앙통제기구인 InterNIC에 의해 운영된다.

③ IP주소는 인터넷에 연결된 모든 컴퓨터 자원을 구분하기 위한 고유의 주소이다.

④ www는 웹 브라우저를 통해 인터넷을 효과적으로 사용할 수 있게 하는 서비스이다.

해설 ▶ 인터넷은 중앙 통제 기구가 없음

InterNIC은 비영리 단체로 인터넷 도메인명, IP 주소 할당을 관리하는 단체임.

정답 ▶ ②

9. 다음 중 컴퓨터 범죄의 유형에 해당하지 않는 것은?

① 전산망을 이용한 개인 정보의 유출과 공개

② 컴퓨터 바이러스 백신의 제작과 유포

③ 저작권이 있는 웹 콘텐츠의 복사와 사용

④ 해킹에 의한 정보의 위/변조 및 유출

해설 컴퓨터 바이러스 백신 프로그램은 바이러스를 치료 및 예방하는 것임.

V3, 알약 등이 있음.

컴퓨터 바이러스 **백신**의 제작과 유포는 권장할 사항임.

정답 ②

10. 다음 중 시스템 소프트웨어에 대한 설명으로 옳지 않은 것은?

① 컴퓨터와 사용자 사이에서 중계자 역할을 하는 소프트웨어이다.

② 운영체제의 도움을 받아 컴퓨터를 사용할 수 있게 하는 소프트웨어이다.

③ 컴퓨터 시스템을 효율적으로 운영해 주는 소프트웨어이다.

④ 시스템 소프트웨어는 제어 프로그램과 처리 프로그램으로 구분된다.

해설 **시스템 소프트웨어** (System Software)

응용 소프트웨어를 실행하기 위한 플랫폼을 제공하고 컴퓨터 하드웨어를 동작, 접근할 수 있도록 설계된 컴퓨터 소프트웨어이다. 컴퓨터 시스템의 운영을 위한 모든 컴퓨터 소프트웨어에 대한 일반 용어이다. **운영 체제는 시스템 소프트웨어의 한 종류이다.**

출처: https://ko.wikipedia.org

정답 ②

11. 다음 중 컴퓨터의 문자 표현 코드인 ASCII 코드의 특징으로 옳은 것은?

① BCD 코드를 확장한 코드로 대형 컴퓨터에서 사용한다.

② 확장 ASCII 코드는 8비트를 사용하여 256가지의 문자를 표현한다.

③ 2진화 10진 코드라고도 하며, 하나의 문자를 4개의 Zone 비트와 4개의 Digit 비트로 표현한다.

④ 에러 검출 및 교정이 가능한 코드로 2비트의 에러 검출 코드가 포함되어 있다.

해설   BCD (Binary Coded Decimal)
10진수를 2진수화한 것으로 2진화 10진 코드라고 함.

해밍 코드
1비트의 에러 검출 및 교정이 가능한 코드

패리티 코드
에러 검출만 가능하고 교정은 할 수 없음

ASCII (아스키)
미국정보교환표준부호(American Standard Code for Information Interchange)

영문 알파벳을 사용하는 대표적인 문자 인코딩이다.

7비트로 구성 2^7 = 128가지 문자 표현 가능

데이터 통신용으로 사용

확장 ASCII코드는 8비트로 2^8 = 256가지 문자 표현 가능함

출처: https://ko.wikipedia.org

정답   ②

12. 다음 중 컴퓨터의 연산속도 단위로 가장 빠른 것은?

① 1ms   ② 1μs

③ 1ns   ④ 1ps

> **해설**   국제단위계(international system of units; 약칭 SI) 접두어
>
> 10^{-3} 밀리(milli) m 10^{-6} 마이크로 (micro) μ
>
> 10^{-9} 나노 (nano) n 10^{-12} 피코 (pico) p

> **정답**   ④

13. 다음 중 레지스터에 관한 설명으로 옳지 않은 것은?

① 명령 레지스터는 현재 수행 중인 명령어를 가지고 있다.

② 메모리 중에서 가장 빠른 속도로 접근이 가능하다.

③ 프로그램 카운터는 다음 번에 실행할 명령어의 주소를 가지고 있다.

④ 운영체제의 시스템 정보를 기억하고 관리한다.

> **해설**   레지스터는 프로세서 내부에 구성되어 있음.
>
> PC(Program Counter): 다음에 실행할 명령어의 주소를 가지고 있음.
>
> IR(명령어 레지스터): 현재 수행 중인 명령어를 가지고 있음.
>
> MAR(메모리 주소 레지스터): 메모리의 주소를 가지고 있음.
>
> MBR(메모리 버퍼 레지스터): 데이터를 가지고 있음.

> **정답**   ④

14. 다음 중 컴퓨터를 업그레이드 하는 경우 수치가 클수록 좋은 것에 해당하지 않는 것은?

① 하드 디스크의 용량   ② RAM의 접근 속도

③ CPU의 클럭 속도   ④ DVD의 배속

> **해설**   RAM의 접근 속도가 크면 클수록 시스템 처리시간은 느려짐.

> **정답**   ②

5. 다음 중 Windows의 네트워크 및 공유 센터에서 고급 공유 설정 옵션에 해당하지 않는 것은?

① 네트워크 검색   ② 파일 및 프린터 공유

③ 공용 폴더 공유   ④ 이더넷 공유

해설

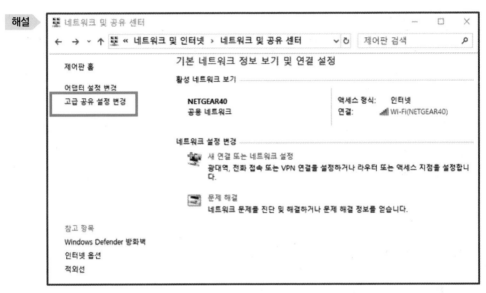

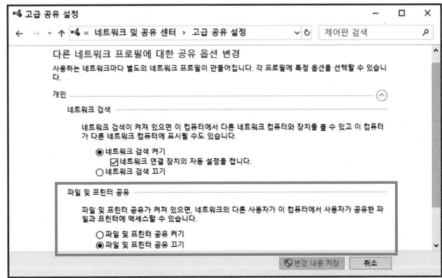

정답   ④

16. 다음 중 중앙처리장치의 구성요소에 해당하지 않는 것은?

① ALU(Arithmetic Logic Unit)　　② CU(Control Unit)

③ 레지스터(Register)　　④ SSD(Solid State Drive)

> **해설**　Solid State Drive.
>
> 직역하면 고형 상태 보조기억장치로, Solid-state에는 고체상태라는 의미 이외에 소체(트랜지스터)라는 의미도 있다. 간혹 SSD 하드디스크, SSD하드 등으로 SSD를 <u>하드디스크</u>의 한 종류인 듯 표기하는 오류를 보인다. SSD와 하드디스크는 구조적으로 완전히 다르므로 표기에 주의하자. 다만 용도는 <u>기억장치</u>로써 동일하다.
>
> 출처: https://namu.wiki

> **정답**　④

17. 다음 중 Windows의 [제어판]-[프로그램 및 기능]에서 설정할 수 없는 것은?

① 설치된 업데이트를 제거할 수 있다.

② Windows 기능을 설정(켜기)하거나 해제(끄기)할 수 있다.

③ Windows 업데이트가 자동 수행되도록 설정할 수 있다.

④ Windows에 설치된 응용 프로그램을 변경하거나 제거할 수 있다.

> **해설**
>
>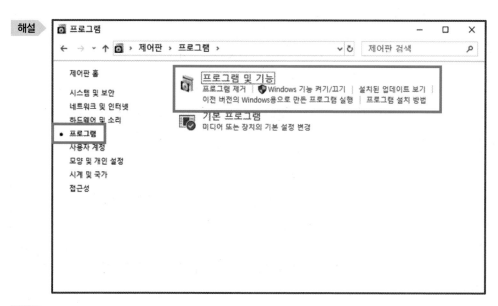

> **정답**　③

18. 다음 중 Windows에서 디스크에 저장된 파일의 위치를 재정렬하는 단편화 제거 과정을
통해 디스크에서의 파일 읽기/쓰기 성능을 향상시키는 기능은?

① 리소스 모니터

② 디스크 정리

③ 디스크 포맷

④ 디스크(드라이브) 조각 모음

해설

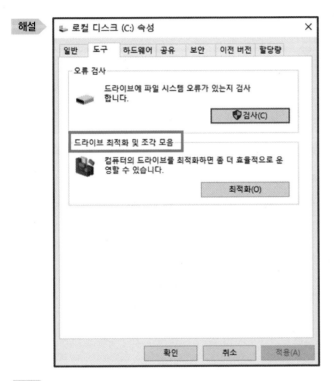

정답   ④

19. 다음 중 Windows 바탕 화면에서 아래 그림과 같이 열려 있는 모든 창들을 미리 보기로 보면서 활성창을 전환할 수 있는 바로 가기 키는?

① Alt + Tab

② Windows 로고 키( ) + Tab

③ Ctrl + Esc

④ Alt + Esc

해설 ▶ Alt + Tab 모든 창들을 미리보기로 보면서 활성창을 전환할 수 있는 단축 키

Windows 로고 키 + Tab: 열린 프로그램을 3차원 형태로 표시하는 에어로 피크 단축 키

Ctrl + Esc: 시작 메뉴를 표시하는 단축 키

Alt + Esc: 작업표시줄에서 실행하고 있는 창을 전환하여 볼 수 있음

정답 ①

20. 다음 중 Windows 폴더의 [속성] 창에 대한 설명으로 옳지 않은 것은?

① 해당 폴더의 크기를 알 수 있다.

② 해당 폴더의 바로가기 아이콘을 만들 수 있다.

③ 해당 폴더의 읽기 전용 특성을 설정할 수 있다.

④ 해당 폴더의 만든 날짜를 알 수 있다.

해설

| 2018_09_12 속성 | ✕ |

| 일반 | 공유 | 보안 | 이전 버전 | 사용자 지정 |

2018_09_12

종류: 파일 폴더

위치: C:\2018_마프

크기: 1.29MB (1,354,865 바이트)

디스크 할   1.67MB (1,757,184 바이트)
당 크기:

내용: 파일 214, 폴더 55

만든 날짜: 2018년 12월 11일 화요일, 오후 6:16:42

특성: ■ 읽기 전용(폴더의 파일에만 적용)(R)

         □ 숨김(H)   고급(D)...

확인   취소   적용(A)

정답   ②

3. 컴퓨터 활용 능력 2017년 9월 2일 기출문제 풀이

1. 다음 중 모바일 멀티미디어 커뮤니케이션 서비스와 가장 거리가 먼 것은?

① 모바일 화상전화   ② LBS

③ DMB   ④ MMS

해설 LBS: Location Based Service

사용자의 위치 정보를 바탕으로 하는 여러 가지 서비스를 제공함.
양방향 통신으로 볼 수 있음.

MMS: Multimedia Messaging System
문자 이외에 그림과 동영상을 함께 보낼 수 있는 서비스

DMB
2005년 12월 1일부터 본방송을 시작하여 방송 중 임. 지상파 DMB 방송은 해당 단말기만 있으면 언제든지 무료로 시청할 수 있음. 단방향 통신으로 사용자의 위치 정보를 사용하지 않음.

출처: https://ko.wikipedia.org

정답 ③

2. 다음 중 멀티미디어 하드웨어에 대한 설명으로 옳지 않은 것은?

① 사운드 카드의 샘플링이란 아날로그 소리 파형을 일정시간 간격으로 연속적인 측정을 통해 얻어진 각각의 소리의 진폭을 숫자로 표현하여 디지털 데이터로 생성하는 것을 말한다.

② MPEG 보드란 압축된 동영상 파일을 빠른 속도로 복원시켜 재생해 주는 장치이다.

③ 비디오 오버레이 보드란 TV나 비디오를 보면서 컴퓨터 작업을 동시에 할 수 있도록 동영상 데이터를 비디오 카드의 데이터와 합성시켜 표현하는 장치이다.

④ 그래픽 카드는 CPU에 의해 처리된 아날로그 데이터를 디지털로 변환하여 모니터로 보내는 장치이다.

해설 그래픽 카드는 CPU에 의해 처리된 디지털 데이터를 디지털로 변환하여 모니터로 보내는 장치임.

정답 ④

3. 다음 중 정보 사회의 컴퓨터 범죄 예방과 대책으로 적절하지 않은 것은?

① 보호하고자 하는 컴퓨터나 정보에 비밀번호를 설정하고 주기적으로 변경한다.

② 바이러스 백신 프로그램을 설치하고 자동 업데이트로 설정한다.

③ 정크 메일로 의심이 가는 이메일은 본문을 확인한 후 즉시 삭제한다.

④ Windows Update는 자동 설치를 기본으로 설정한다.

해설 정크 메일로 의심이 가는 이메일은 즉시 삭제해야 함.

정답 ③

4. 다음 중 근거리 통신망(LAN)에 관한 설명으로 옳지 않은 것은?

① 비교적 전송 거리가 짧아 에러 발생률이 낮다.

② 반이중 방식의 통신을 한다.

③ 자원 공유를 목적으로 컴퓨터들을 상호 연결한다.

④ 프린터, 보조기억장치 등 주변장치들을 쉽게 공유할 수 있다.

해설 반이중 통신은 무전기와 같이 양쪽 모두 송,수신이 가능하지만 동시에는 불가능한 방식임.

정답 ②

5. 다음 중 전자우편에서 사용하는 POP3 프로토콜에 관한 설명으로 옳은 것은?

① 이메일을 전송할 때 필요로 하는 프로토콜이다.

② 원격 서버에 접속하여 이메일을 사용자 컴퓨터로 가져오기 위한 프로토콜이다.

③ 멀티미디어 이메일을 주고 받기 위한 프로토콜이다.

④ 이메일의 회신과 전체 회신을 가능하게 하는 프로토콜이다.

해설 **포스트 오피스 프로토콜**(Post Office Protocol, POP)

응용 계층 인터넷 프로토콜 중 하나로, 원격 서버로부터 TCP/IP 연결을 통해 이메일을 가져오는데 사용된다.

출처: https://ko.wikipedia.org

정답 ②

6. 다음 중 정보 보안을 위협하는 형태에 대한 설명으로 옳은 것은?

① 스니핑(Sniffing) : 검증된 사람이 네트워크를 통해 데이터를 보낸 것처럼 데이터를 변조하여 접속을 시도한다.

② 피싱(Phishing) : 적절한 사용자 동의 없이 사용자 정보를 수집하는 프로그램을 설치하여 사생활을 침해 한다.

③ 스푸핑(Spoofing) : 실제로는 악성 코드로 행동하지 않으면서 겉으로는 악성 코드인 것처럼 가장한다.

④ 키로거(Key Logger) : 키보드 상의 키 입력 캐치 프로그램을 이용하여 개인 정보를 빼낸다.

> **해설**   키로거(Key Logger)
>
> 사용자가 키보드로 PC에 입력하는 내용을 몰래 가로채어 기록하는 행위를 말함.
>
> 출처 : https://ko.wikipedia.org

> **정답**   ④

7. 다음 중 정보 통신 장비와 관련하여 리피터(Repeater)에 관한 설명으로 옳은 것은?

① 적절한 전송 경로를 선택하여 데이터를 전달하는 장비이다.

② 프로토콜이 다른 네트워크를 결합하는 장비이다.

③ 감쇠된 전송 신호를 증폭하여 다음 구간으로 전달하는 장비이다.

④ 같은 프로토콜을 사용하는 독립적인 2개의 근거리 통신망에 상호 접속하는 장비이다.

> **해설**   Repeat는 사전적 의미로 반복임. 감쇠된 전송 신호를 증폭하여 다음 구간으로 전달하는 장비임.
>
> 라우터 : 적절한 전송 경로를 선택하여 데이터를 전달하는 장비임.
>
> 게이트 웨이 : 사전적 의미로 관문 또는 출입구임. 프로토콜이 다른 네트워크를 결합하는 장비임.
>
> 브리지 : 사전적 의미로 다리임. 같은 프로토콜을 사용하는 독립적인 2개의 근거리 통신망에 상호 접속하는 장비임.

> **정답**   ③

8. 다음 중 인터넷에서 사용하는 도메인 네임에 관한 설명으로 옳은 것은?

   ① IP 주소를 사람이 이해하기 쉬운 숫자 형태로 표현한 것이다.

   ② 소속 국가명, 소속 기관명, 소속 기관 종류, 호스트 컴퓨터명의 순으로 구성된다.

   ③ 퀵돔(QuickDom)은 2단계 체제와 같이 도메인을 짧은 형태로 줄여 쓰는 것을 말한다.

   ④ 국가가 다른 경우에는 중복된 도메인 네임을 사용할 수 있다.

해설 한양사이버대학교 도메인 주소 http://www.hycu.ac.kr

IP 주소를 사람이 이해하기 쉬운 **문자** 형태로 표현한 것임.

소속 기관명(hycu), 소속 기관 종류(ac), 소속 국가명(kr) 순으로 구성된다.

국가가 다른 경우에도 중복된 도메인 네임을 사용할 수 없다.

퀵돔(QuickDom)이란 2단계 영문 kr도메인의 브랜드명으로, .kr앞에 도메인의 성격을 나타내는 co, or, pe 등의 단계가 없는 도메인을 말한다. 예를 들어 3단계 영문 kr도메인이 nida.or.kr 이라면, 퀵돔은 nida.kr이다.

퀵돔이란 브랜드명은 2006년 5월 브랜드 공모전을 통해 선정되었으며, 3단계 도메인에 비해 단계가 줄어 입력이 빠르다는 장점을 나타낸다.

(빠른도메인→퀵도메인→퀵돔)

출처: http://dic.mk.co.kr

정답 ③

9. 다음 중 추상화, 캡슐화, 상속성, 다형성 등의 특징을 지니고 있으며, 크고 복잡한 프로그램 구축이 어려운 절차형 언어의 문제점을 해결하기 위해 개발된 프로그래밍 기법은?

   ① 구조적 프로그래밍   ② 객체지향 프로그래밍

   ③ 하향식 프로그래밍   ④ 비주얼 프로그래밍

해설 **객체 지향 프로그래밍**(Object-Oriented Programming, OOP)

정답 ②

10. 다음 중 상용 소프트웨어가 출시되기 전에 미리 고객들에게 프로그램에 대한 평가를 수행하고자 제작한 소프트웨어로 옳은 것은?

① 알파(Alpha) 버전   ② 베타(Beta) 버전

③ 패치(Patch) 버전   ④ 데모(Demo) 버전

해설 베타(Beta) 버전: 정식 소프트웨어가 출시되기 전에 테스트를 목적으로 일반인에게 공개하는 프로그램임.

데모 (Demo) 버전: 프로그램의 홍보를 위해 정식 소프트웨어의 일정한 기능만을 제공하는 프로그램임

패치(Patch) 버전: 기능 향상을 위하여 프로그램의 일부를 변경해주는 프로그램임

정답 ②

11. 다음 중 컴퓨터를 이용한 가상 현실(Virtual Reality)에 관한 설명으로 옳은 것은?

① 고화질 영상을 제작하여 텔레비전에 나타내는 기술이다.

② 고도의 컴퓨터 그래픽 기술과 3차원 기법을 통하여 현실의 세계처럼 구현하는 기술이다.

③ 여러 영상을 통합하여 2차원 그래픽으로 표현하는 기술이다.

④ 복잡한 데이터를 단순화시켜 컴퓨터 화면에 나타내는 기술이다.

해설 **가상 현실(Virtual Reality)**
고도의 컴퓨터 그래픽 기술과 3차원 기법을 통하여 현실의 세계처럼 구현하는 기술.

정답 ②

12. 다음 중 컴퓨터에서 사용하는 ASCII 코드에 관한 설명으로 옳은 것은?

① 패리티 비트를 이용하여 오류 검출과 오류 교정이 가능하다.

② 표준 ASCII 코드는 3개의 존 비트와 4개의 디지트 비트로 구성되며, 주로 대형 컴퓨터의 범용 코드로 사용된다.

③ 표준 ASCII 코드는 7비트를 사용하여 영문 대소문자, 숫자, 문장 부호, 특수 제어문자 등을 표현한다.

④ 확장 ASCII 코드는 8비트를 사용하며 멀티미디어 데이터 표현에 적합하도록 확장된 코드표이다.

해설 **미국정보교환표준부호**(영어: American Standard Code for Information Interchange), 또는 줄여서 **ASCII(아스키)**는 영문 알파벳을 사용하는 대표적인 문자 인코딩이다. 아스키는 컴퓨터와 통신 장비를 비롯한 문자를 사용하는 많은 장치에서 사용되며, 대부분의 문자 인코딩이 아스키에 기초를 두고 있다.

출처: https://ko.wikipedia.org

정답 ③

---

13. 다음 중 컴퓨터의 주기억장치인 RAM에 관한 설명으로 옳은 것은?

① 전원이 공급되지 않더라도 기억된 내용이 지워지지 않는다.

② 시스템에서 사용하는 BIOS, POST 등이 저장된다.

③ 현재 사용 중인 응용 프로그램이나 데이터가 저장된다.

④ 주로 하드디스크에서 사용되는 기억장치이다.

해설 RAM(Random Access Memory)의 특징

주기억 장치

전원이 공급되지 않으면 기억된 내용이 지워지는 휘발성 메모리

현재 사용 중인 프로그램이나 데이터를 저장

자유롭게 읽고 쓰기가 가능

정답 ③

14. 다음 중 컴퓨터의 저장 매체 관리 방법으로 옳지 않은 것은?

① 주기적으로 디스크 정리, 검사, 조각 모음을 수행한다.

② 강한 자성 물체를 외장 하드디스크 주위에 놓지 않는다.

③ 오랜 기간 동안 저장된 데이터는 재 저장한다.

④ 예상치 않은 상황에 대비하여 주기적으로 백업하여 둔다.

해설 오랜 기간 동안 저장된 데이터는 재저장하는 것은 저장 매체 관리 방법과는 관련 없음.

정답 ③

15. 다음 중 Windows 7의 사용자 계정을 통해 사용할 수 있는 기능으로 옳지 않은 것은?

① 관리자 계정의 사용자는 다른 계정의 컴퓨터 사용시간을 제어할 수 있다.

② 관리자 계정의 사용자는 다른 계정의 등급 및 콘텐츠, 제목별로 게임을 제어할 수 있다.

③ 표준 계정의 사용자는 컴퓨터 보안에 영향을 주는 설정을 변경할 수 있다.

④ 표준 계정의 사용자는 컴퓨터에 설치된 대부분의 프로그램을 사용할 수 있고, 자신의 계정에 대한 암호 등을 설정할 수 있다.

해설 표준 계정의 사용자는 컴퓨터 보안에 영향을 주는 설정을 변경할 수 없음.

정답 ③

16. 다음 중 바로 가기 아이콘에 대한 설명으로 옳지 않은 것은?

① 바로 가기 아이콘을 삭제해도 해당 프로그램은 지워지지 않는다.

② 바로 가기 아이콘은 폴더, 디스크 드라이버, 프린터 등 모든 항목에 대해 만들 수 있다.

③ 바로 가기 아이콘은 실제 프로그램이 아니라 응용 프로그램의 경로를 기억하고 있는 아이콘이다.

④ 바로 가기 아이콘은 확장자는 '*.exe'이다.

해설 바로 가기 아이콘은 확장자는 '*.LNK'임.

정답 ④

17. 다음 중 Windows 7에서 작업 표시줄의 바로 가기 메뉴에서 설정할 수 있는 항목으로 옳지 않은 것은?

① 계단식 창 배열   ② 창 가로 정렬 보기

③ 작업 표시줄 잠금   ④ 아이콘 자동 정렬

해설 아이콘 자동 정렬은 바탕화면에 있음.

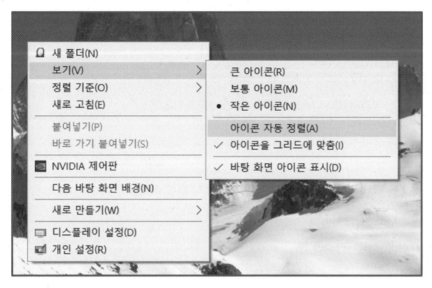

정답 ④

18. 다음 중 Windows 7의 [Windows 탐색기]에 대한 설명으로 옳지 않은 것은?

① 컴퓨터에 설치된 디스크 드라이브, 파일 및 폴더 등을 관리하는 기능을 가진다.

② 폴더와 파일을 계층 구조로 표시하며, 폴더 앞의 기호는 하위 폴더가 있음을 의미한다.

③ 현재 폴더에서 상위 폴더로 이동하려면 바로 가기 키인 〈Home〉 키를 누른다.

④ 검색 상자를 사용하여 파일이나 폴더를 찾을 수 있으며, 검색은 입력을 시작함과 동시에 시작된다.

해설 현재 폴더에서 상위 폴더로 이동하려면 바로 가기 키는 〈Backspace〉 임.

정답 ③

19. 다음 중 Windows 7에서 제어판의 '프로그램 및 기능'에 대한 설명으로 옳지 않은 것은?

① Windows에 포함되어 있는 일부 프로그램 및 기능을 해제할 수 있으며, 기능 해제 시 하드 디스크 공간의 크기도 줄어든다.

② 설치된 응용 프로그램의 제거, 변경 또는 복구 등의 작업을 할 수 있다.

③ 컴퓨터에 설치된 업데이트 목록을 확인할 수 있으며 제거도 가능하다.

④ [프로그램 및 기능]을 이용하여 프로그램을 제거하면 Windows가 작동하는데 영향을 미치지 않도록 프로그램이 정상적으로 삭제된다.

해설 Windows에 포함되어 있는 일부 프로그램 및 기능을 해제할 수 있음.

기능 해제시 하드 디스크 공간의 크기도 줄어들지 않음.

정답 ①

20. 다음 중 플래시 메모리에 대한 설명으로 옳지 않은 것은?

① 소비전력이 작다.

② 휘발성 메모리이다.

③ 정보의 입출력이 자유롭다.

④ 휴대전화, 디지털카메라, 게임기, USB 메모리 등에 널리 이용된다.

해설 소비전력이 작다.

정보의 입출력이 자유롭다.

휴대전화, 디지털카메라, 게임기, USB 메모리 등에 널리 이용된다.

휘발성 메모리가 아니다.

정답 ②

07

스마트한 앱 활용하기

학습목표

• 카카오톡, 밴드를 활용할 수 있다.
• 웹 브라우저의 종류와 특징을 알 수 있다.
• 구글을 잘 활용할 수 있다.

1. 모비즌 소개

특징: 스마트 폰과 PC를 USB 또는 원격으로 접속하여 제어할 수 있다.
　　　USB 연결은 무료이지만 원격 접속은 유료이다.

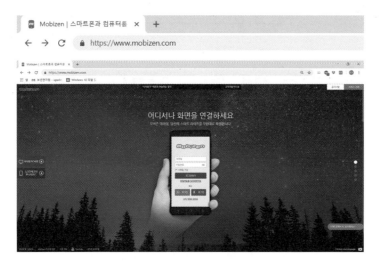 

1) USB 디버깅 설정

• 개발자 옵션을 활성화 해주세요.

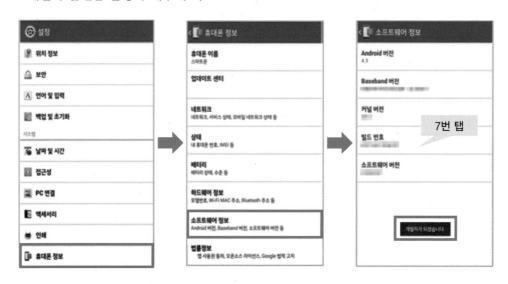

- 시스템 설정 〉 휴대폰 정보 〉 소프트웨어 정보 메뉴로 들어가세요.

- [빌드 번호] 메뉴를 7~8번 연속으로 탭을 하면, [개발자가 되었습니다]는 메시지를 확인할 수 있습니다.

- 스마트폰의 설정 화면은 제조사, OS에 따라 조금씩 다를 수 있습니다.

- USB 디버깅 허용(컴퓨터 RSA키 지문) 확인 창에서 반드시 허용을 선택해 주세요.

2) PC의 USB로 연결된 스마트 폰

2. 카카오톡 활용하기

1) 새로운 채팅 만들기

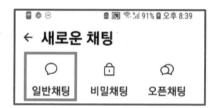

2) 무료 통화 하기

3) 사진 보내기

(1) 원본 사진 보내기

원본 사진 등록

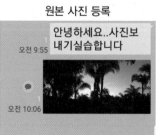

(2) 사진 묶어 보내기 (최대 30장)

터치

전체보기

설정

묶어보내기

보낼 사진을 선택
(최대 30장)
묶어 보내기 클릭 후 전송

41.32 MB

3G/LTE로 접속시
가입한 요금제에
따라 데이터 요금이
발생할 수 있습니다.

계속하시겠습니까?

취소　확인

오전 10:14

4) 파일 보내기

카카오톡에서 파일을 첨부할 때 일부 인식되지 않는 파일은 첨부할 수 없다. 이런 경우
파일을 zip 파일로 압축해서 보내면 된다.

3. 밴드 활용하기

밴드는 스마트 폰 버전과 PC 버전이 있음

본문에 사진을
그대로 올림

그냥 올리기

앨범 선택하기

앨범을 만들어
올림

원본 크기로
올릴 수 있음

완료

사진 중간에
글을 넣을 수 있음

4. Facebook 활용

터치

좌우
스크롤

지금까지
업로드한
사진을 볼 수
있음

지금까지 작성한 글 보기

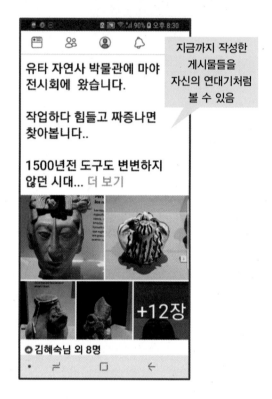

5. 웹 브라우저 소개

1) MS 인터넷 익스플로러 소개

알툴바

목차

1. 지나치게 무겁고 느리다
2. 기능이 적다
3. 웹 표준을 어긴다
4. 대한민국에서 구버전 사용의 문제점

[https://namu.wiki/w/인터넷%20익스플로러/구버전의%20문제점]

2) 스윙 브라우저

소프트웨어 전문 업체 이스트소프트의 자회사인 줌인터넷이 개발한 브라우저로, 1년여 간의 베타테스트를 거쳐 2013년 12월 정식 버전이 출시되었으며 PC 버전과 모바일 버전(안드로이드, iOS)을 모두 지원한다.

스윙 브라우저는 ▷파일전송 ▷아이디·패스워드 자동 입력 ▷화면 캡처 ▷크롬 확장 플러그인 지원 등 다양한 기능을 제공한다. 특히 웹킷 랜더링 엔진을 채택해 빠른 웹서핑이 가능하며, 퀵전송 기능을 통해 개인용 PC와 모바일 기기 간 용량의 제한 없이 파일을 주고받을 수 있다. 또 마우스액션(마우스로 이전, 다음 페이지로 이동), 온라인으로 저장되는 즐겨찾기, 클라우드 형식의 메모, 아이디 · 패스워드 자동 관리, 화면 캡처 기능이 포함되었다. 이 밖에도 인터넷 익스플러러에서만 구동되는 액티브엑스(Active X)도 원활하게 실행할 수 있다.

스윙 브라우저는 2015년 5월 누적 다운로드 1000만 건을 기록한데 이어 2016년 8월에는 2000만 다운로드를 달성하기도 했다. 그러나 이후 서비스 이용자가 줄어들면서 2019년 1월 7일 스윙 브라우저 서비스 지원을 종료했으며, 3월 31일에는 로그인 서비스를 종료할 예정이다.

3) 크롬 소개

2008년 9월 2일 태어난 구글 크롬은 올해로 10년이 되었습니다. 현재 구글 크롬 웹브라우저는 시장 점유율 60%로 MS사의 익스플로러와 엣지 브라우저를 가볍게 누르고 1위를 차지하고 있습니다.

지난 10년 간 구글 크롬 웹브라우저는 얼마나 더 빨라졌나?

[https://photohistory.tistory.com/18142]

(1) Gmail 활용하기

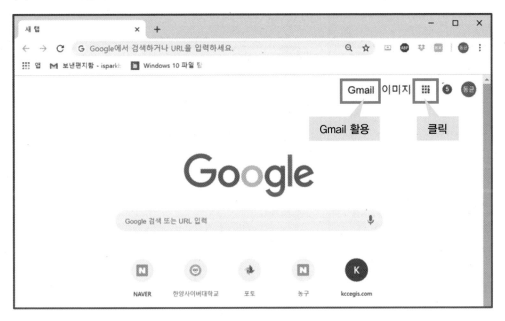

(2) 구글 지도 활용하기

세계 모든 지도를 검색할 수 있음

(3) 구글 드라이브 활용

15기가 저장 공간을 무료로 제공함

RaiDrive → 구글 드라이브를 탐색기에 바로 사용 가능함

(4) 구글 캘린더 활용

스마트폰과 연결된 일정 관리

(5) 구글 번역 활용

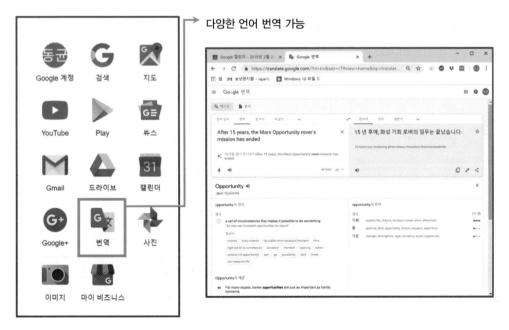

다양한 언어 번역 가능

영어를 일본어로 번역한 예

(6) 구글 사진 활용하기

스마트 폰으로 찍은 사진을 자동으로 동기화하여 저장할 수 있음.

스마트 폰에서 지워도 구글 사진에 저장된 파일은 지워지지 않음.

구글 사진에서 지우면 스마트 폰에서 삭제됨.

학습정리

1. 카카오 톡

카카오톡은 상대방과 단순한 대화기능 외에 다양한 기능과 서비스들을 가지고 있다. 카카오톡의 주 기능으로는 상대방에게 메시지, 사진, 동영상, 음성 그리고 연락처 등을 전송할 수 있고, 친구들과 일정을 만들수 있다. 또한, 보이스톡 기능을 이용하여 상대방과 음성으로 대화를 할 수 있다. 또한, 카카오계정을 이용해 친구들과 게임을 할 수 있다.

출처: https://ko.wikipedia.org/wiki/카카오톡

2. 밴드 활용

밴드(BAND)는 네이버에서 출시한 폐쇄형 소셜 네트워크 서비스(SNS)이다. 2012년 8월에 출시되었으며, 네이버의 자회사인 캠프모바일이 운영하고 있다. 처음에는 대학생들의 각종 조 모임용으로 기획됐지만 출시와 함께 소규모 그룹 형태로 인기를 누리다가 동창 찾기 등의 서비스 추가로 급속도로 확장되었다. 출시 2년 만인 2014년 3,500만 다운로드를 기록하였다. 2년간 개설된 밴드의 총수는 1,200만 개이며 1인당 가입한 평균 밴드 수는 2.67개, 밴드당 평균 멤버 수는 9.33명이었다.

출처: https://ko.wikipedia.org/wiki/band

3. 구글 포토 활용

Google 포토는 오늘날의 사용자를 위해 등장한 Google의 새로운 사진 갤러리입니다. 사진과 동영상이 자동으로 백업되고 정리되므로, 빠르게 찾고 공유할 수 있으며 휴대전화의 저장용량을 염려할 필요가 없습니다.
무제한으로 제공되는 무료 저장용량
고품질의 사진과 동영상을 무료로 무제한 백업합니다. Google 포토는 모든 기기 및 photos.google.com에서 액세스할 수 있습니다. 사진이 안전하게 보관되며 오직 나만 확인할 수 있습니다.

출처: https://play.google.com/store/apps/details?id=com.google.android.apps.photos&hl=ko

4. 구글 번역 활용

- 입력을 통해 103개 언어 번역

- 탭하여 번역: 어떤 앱에서나 텍스트를 복사하면 번역이 표시됨

- 오프라인: 인터넷에 연결되지 않은 상태에서 59개 언어 번역

- 즉석 카메라 번역: 카메라를 사용하여 38개 언어의 텍스트 즉시 번역

- 카메라 모드: 텍스트를 사진으로 찍어서 37개 언어로 고품질 번역

- 대화 모드: 32개 언어로 양방향 즉석 음성 번역

- 필기: 키보드를 사용하는 대신 문자를 써서 93개 언어로 번역

- 표현 노트: 어떤 언어에서든 번역에 별표 표시 후 저장하여 나중에 참고

출처: https://play.google.com/store/apps/details?id=com.google.android.apps.translate

CHAPTER

08

Chapter 1~7 연습 문제

1. 컴퓨터의 작업을 처리하기 위해 운영체제를 보조기억장치(하드 디스크)에서 주 기억장치 (RAM)로 가져오는 과정은 무엇인가?

   ① 운영체제   ② 부팅

   ③ 작업   ④ 시작 프로그램

2. 삭제한 프로그램을 다시 복원하기 위해서 사용하는 프로그램은?

   ① 휴지통   ② 알약

   ③ 복원   ④ 연결 프로그램

3. 파일을 선택할 때 ( ) 키를 누르고 마우스를 클릭하면 클릭한 파일만 선택된다.
   ( ) 안에 알맞은 것은?

   ① Shift   ② Tab

   ③ 오른쪽 화살표   ④ Ctrl

4. 파일을 선택할 때 ( ) 키를 누르고 마우스를 클릭하면 처음 클릭한 파일부 터 다음에 클릭한 파일까지 모두 선택된다. ( ) 안에 알맞은 것은?

   ① Shift ② Tab ③ 오른쪽 화살표 ④ Ctrl

5. 다음 중 사진을 나타내는 확장자는?

   ① wav ② jpg ③ mp3 ④ mp4

6. 알약에 대한 설명 중 틀린 것은?

　① 필요 없는 프로그램을 삭제할 수 없다.

　② ActiveX를 확인하고 정리할 수 있다.

　③ 필요 없는 툴바와 BHO를 삭제할 수 있다.

　④ 시작 프로그램에서 설정된 시작 프로그램을 확인하고 정리할 수 있다.

7. 알송에 대한 설명 중 맞는 것은?

　① 음악 파일을 압축할 수 있다.

　② 인터넷에서 지원되는 라디오 방송을 청취할 수 있다.

　③ 바이러스를 체크할 수 없다.

　④ 인터넷 최적화를 할 수 있다.

8. 알툴바의 설명 중 틀린 것은?

　① 메모 사용하기 기능이 없다.

　② 패스워드를 저장하는 기능이 있다.

　③ 100메가의 온라인 디스크를 제공한다.

　④ 인터넷을 사용하면서 캡처를 할 수 있다.

9. 알씨에 대한 설명 중 틀린 것은?

① 사진을 90도 회전할 수 있다.

② 사진으로 동상을 만들 수 있다.

③ 일괄 편집 기능으로 여러 파일을 동시에 이미지 크기 변경을 할 수 있다.

④ 동상 파일을 재생할 수 있다.

10. 토탈 커맨더의 설명 중 옳은 것은?

① 사용자가 지정할 파일 크기로 용량이 큰 파일을 분할할 수 있다.

② 암호를 입력해서 파일 압축을 할 수 없다.

③ 파일을 복사할 수는 있지만 폴더를 복사할 수는 없다.

④ 텍스트 파일을 만들 수 있지만 수정할 수는 없다.

정답

1. ②   2. ①   3. ④   4. ①   5. ②   6. ①   7. ②   8. ①   9. ④   10. ①

포토스케이프의 사진 편집 활용

학습목표

- 사진 편집 프로그램인 포토스케이프를 이용해 간단하게 사진 편집을 할 수 있다.
- 웹 이미지에 맞게 용량, 크기를 조절할 수 있다.
- 다량의 사진에 동일한 문구를 삽입할 수 있고 일괄로 변환 저장할 수 있다.

1. 포토스케이프의 설치 및 실행

1) 포토스케이프(PhotoScape)는

대한민국의 MOOII Tech가 개발한 그래픽 편집 프로그램이다.

사용자가 디지털 카메라나 휴대전화로 찍은 사진을 '쉽고 재미있게' 편집할 수 있다.

심플한 사용자 인터페이스를 통해 이미지의 색상 조절, 자르기, 보정, 인쇄, GIF 애니메이션 등의 일반적인 이미지 편집 기능을 실행할 수 있다.

마이크로소프트 윈도와 맥킨토시 시스템에서는 구동되나 리눅스 시스템에서는 이용할 수 없다.

개발자	MOOII 테크
발표일	2008년 5월 28일 (10년 전)
최근 버전	3.7 / 2014년 9월 11일 (4년 전)
플랫폼	마이크로소프트 윈도, 맥
크기	20.37 MB
언어	영어, 한국어 등
라이선스	프리웨어
웹사이트	www.photoscape.org/ps/main/index.php

[위키백과]

2) 포토스케이프 다운로드

웹브라우저에서 www.photoscape.co.kr 사이트로 접속한다.

무료로 제공되고 있는 '포토스케이프'를 다운로드 받는다.

포토스케이프 3.7 다운로드를 클릭한다.

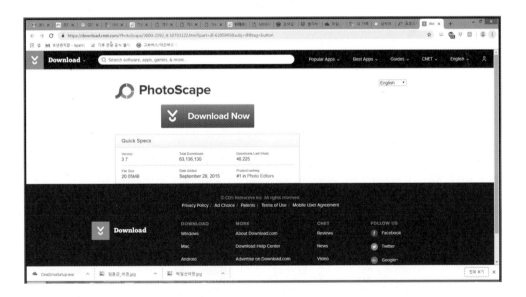

3) 포토스케이프 설치 시작

다운 받은 파일을 선택해 설치를 시작한다.

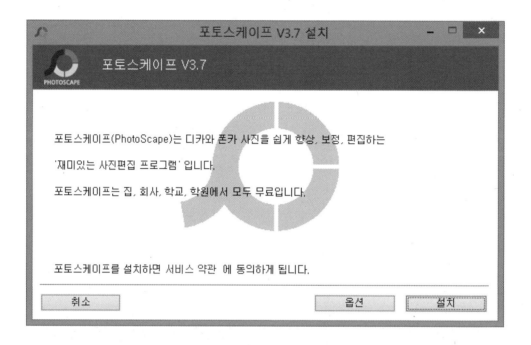

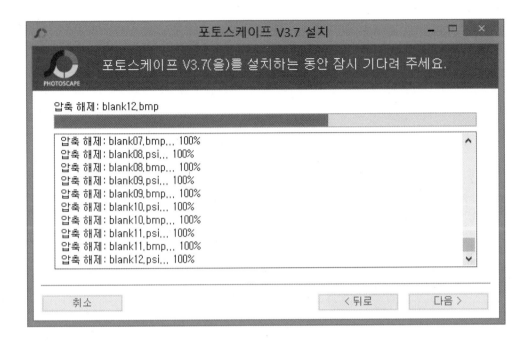

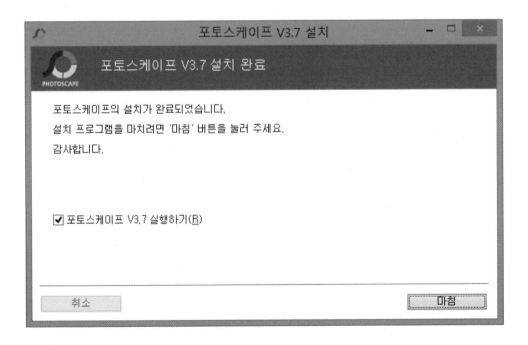

4) 포토스케이프 처음 화면

2. 포토스케이프 [사진 뷰어] 레이아웃

포토스케이프는 크게 3개 영역으로 나뉜다. 사진 작업을 원활히 하기 위해서는 이 레이아웃을 잘 사용해야 한다.

❶ 내컴퓨터의 탐색기 화면이 나타나 내 컴퓨터에 있는 사진을 찾을 수 있다.

❷ ❶번에서 선택한 사진들이 이 곳에 모두 표시된다.

❸ ❷번에서 선택한 사진 한 장이 이 곳에서 더 자세히 표시된다.

3. [사진 편집] 레이아웃

사진 편집에서는 사진의 크기, 명암, 색상, 필터 조절 외에도 자르기, 글자 또는 아이콘 삽입하기 등의 기능도 있다. 그 외에도 포토샵 프로그램에서만 사용할 수 있었던 복제 도장 툴, 모자이크, 잡티 제거와 같은 특수 효과까지도 사용할 수 있다.

1) 저장하기

[저장] 버튼을 클릭한다.

원본 이미지가 있던 폴더에 변경내용을 저장하려면 반드시 '원본 사진을 백업한다 (originals폴더)'에 체크하는 것이 좋다.

Jpg의 저장 품질을 선택하여 저장할 수 있다. 저장 품질은 사진을 사용하려는 목적에 맞게 웹에서만 사용할 목적이라면 해상도에 크게 지장을 주지 않는 범위 내에서 용량을 줄이는 것이 좋다.

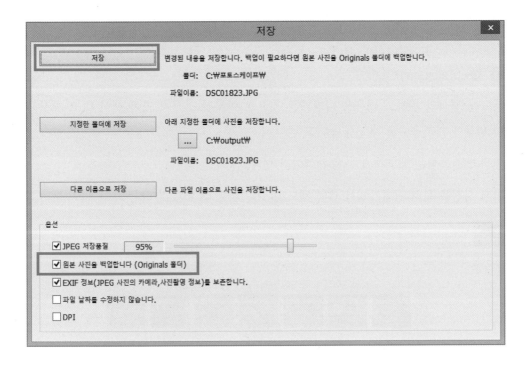

2) 사진 밝기, 색상 조절하기

[사진 편집] – [밝기, 색상] 버튼을 클릭한다.

[밝기, 색상] 창에서 각 슬라이드를 조절해서 밝기, 색상, 채도, 대비 등을 조절할 수 있다.

🔲 채도(Saturation)

채도란 색상의 진하고 엷음을 나타내는 것으로 아무것도 섞지 않아 색이 맑고 깨끗하여 원색에 가까울수록 채도가 높다고 한다.

흰색과 검은색은 채도가 없는 무채색이라 한다.

아래 사진은 문서 편집기에서 색의 채도 별 이미지를 캡쳐한 것이다.

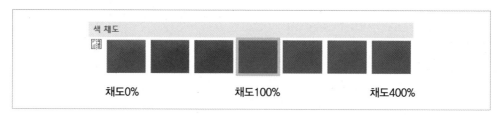

🔲 콘트라스트(Contrast)

네이버 색채 용어사전에 의하면, 질적으로나 양적으로 서로 다른 두 개의 요소가 동시적으로나 계속적으로 배열될 때, 상호의 특징이 한층 강하게 느껴지는 현상을 콘트라스트라 한다.

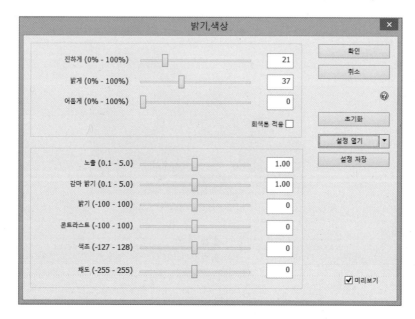

3) 사진에 필터 효과주기

사진에 필터 효과를 주면 사진 원본과는 전혀 다르게 수채화 느낌이나 필름 느낌, 모자이크 등의 다른 느낌으로 사진을 활용할 수 있다.

[사진편집]을 클릭하여 편집할 사진을 선택한다.

[필터] - [크리스탈]을 선택한다.

두 그림의 완전히 다른 느낌을 볼 수 있다.

[크리스탈] 효과를 선택하면 효과가 진행된 후 추가로 아래 알림창에서 크리스탈의 사이즈를 선택하면서 효과를 다르게 지정할 수 있다.

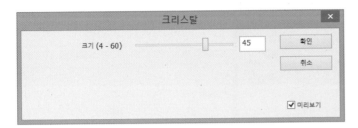

4) 사진 용량, 크기 줄이기

요즘 디지털카메라나 스마트폰에서 찍은 사진들은 고해상도의 사진이 많다.

웹과 모바일 시대에서는 사진이 인화 목적보다는 블로그나 카페 등에 업로드 해야 할 경우가 더 많다.

사진의 빠른 업로드와 빠른 속도의 로딩을 위해서는 사진 크기를 줄여야 한다.

[사진 편집]에서 작업할 사진을 클릭한다.

원본 사진은 가로×세로가 4128×3096, 용량은 4.6MB 이었다.

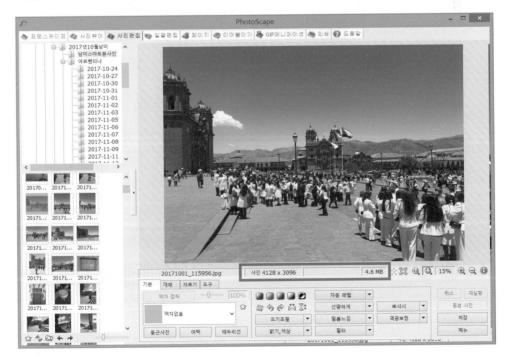

[사진 편집] - [기본] 탭 - [크기조절]을 클릭한 후 가로/세로 비율을 유지한 채 사이즈를 조절한다.

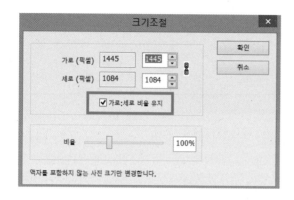

크기를 35%로 조절 후 이미지의 크기가 1445×1084, 용량은 533.1KB로 줄었다.

(주의: 사진을 저장을 한 후에야 용량이 변화한다.)

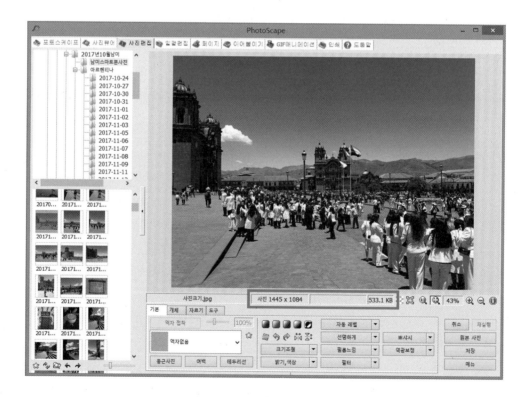

5) 사진을 자유롭게 자르기

[사진 편집] -[자르기] - [자유롭게 자르기]를 선택한다.

사진 영역에서 원하는 영역을 드래그한다.

자르기 할 영역 선택이 완료되었으면 [자르기] 버튼을 클릭한다.

화면에서 지정된 영역만 잘려서 나타난다.

만일 이때 [자르기] - [선택 영역 저장]을 누르면 자른 영역만을 따로 파일로 저장할 수
도 있다.

6) 사진에 글자 넣기

[사진 편집]에서 사진을 선택한 후 [개체] 탭에서 " T " 아이콘을 클릭한다.

[글] 창이 열리면 문장을 입력하고 글자
색, 외곽선, 그림자, 배치기준 등을 설정
한 후 [확인] 버튼을 클릭한다.

입력을 완료한 후 화면에 글이 나타나면
추가로 이동, 확대를 재편집 한 후 글 틀
밖의 영역을 클릭하여 글자를 완성한다.

언제든지 글자를 수정하고 싶으면 [개체]
탭이 열린 상태에서 선택하면 글자 편집이
가능하다.

7) 사진에 아이콘 넣기

[사진 편집] - [개체] 탭에서 ♡ 을 클릭한 후 원하는 아이콘을 선택한다.

8) 기타 도구 사용하기

❶ 복제도장 툴

지정한 곳을 다른 곳에 복사하는 기능이다.

사진에서의 옥의 티, 날짜 등을 지울 때 유용하게 사용된다.

복사할 영역 지정은 브러쉬의 크기로 한다.

아래 사진에서 보면 왼쪽 가장자리에 초록색 옷을 입은 사람이 잘려 나와 그 부분을 삭제하려 한다.

복제도장 툴을 한번 클릭하고 붙여넣기 할 부분을 클릭한다.

새로운 부분으로 복사하고 싶으면 'ESC'를 누른 후 다시 클릭을 하면 된다.

왼쪽 가장자리에 사람이 없어진 걸 볼 수 있다.

복제도장 툴 브러쉬를 너무 크게 하면 티가 나므로 적당히 작게 해서 클릭을 반복하는 것이 좋다.

❶ 모자이크 처리

드러내고 싶지 않은 부분을 마우스로 선택하여 모자이크 처리한다.

4. [페이지] 기능으로 사진 합치기

[페이지] 메뉴를 선택한 후 오른쪽 레이아웃에서 원하는 배치 스타일을 선택한다.

왼쪽에서 사진을 드래그하여 오른쪽 창으로 배치한다.

사진을 배치하면 자동으로 사이즈가 맞춰서 들어가는데 이때 사진을 드래그를 하면서 보여지기 원하는 영역을 표시한다.

오른쪽 여백, 배경컬러, 액자 모양 등을 선택할 수 있다.

5. 사진 일괄 편집하기

웹에서 이미지 작업을 하다 보면 파일들을 관리하기 위해서 한꺼번에 파일을 처리하고 싶을 때가 있다. 특히 온라인 쇼핑몰에서 사용할 이미지들은 같은 처리 작업이 필요한 경우가 많다. 가령, 같은 사이즈로 처리하거나 사진에 회사 로고를 입력하는 작업들을 반복해야 한다. 이때 일괄 편집 기능을 이용하면 편리하다.

❶ 일괄 작업할 사진들을 반복해서 오른쪽 작업 영역에 끌어다 놓은 후

❷ 필요한 사이즈 작업, 텍스트 입력, 필터 처리 등의 옵션 선택을 한다.

❸ 옵션 설정을 한 후 [모든 사진 (저장)변환]을 한다.

저장 위치를 선택할 때 가급적 폴더를 별도로 지정하는 것이 좋다.

파일명은 원본 파일명 앞에 일괄적인 이름을 같이 넣어주고 원본 파일명 뒤에 번호 등을 넣어 주면 된다.

[모든 사진 저장(변환)]을 클릭하고 '다른 이름으로 바꿔서 저장' - '원본 파일명-번호'를 선택한 후 [저장]을 클릭한다.

예) 고전.jpg는 일괄액자고전-1.jpg로 저장된다.

탐색기에서 [일괄처리] 폴더에서 변환된 파일을 볼 수 있다.

6. Gif 애니메이션 만들기

[GIF 애니메이션] 메뉴를 선택한 후 슬라이드 쇼를 만들 사진을 추가한다.

사진이 표시 될 시간을 설정한다.

다음 사진으로 전환될 때 전환 효과를 설정할 수 있다.

작업이 끝나 후 gif 포맷으로 저장한다.

학습평가

1. 다음 그림은 (1)번 그림의 왼쪽 부분이 (2)번에서는 사라졌다. 어떤 편집 작업을 하였는가?

① 페이트 브러쉬

② 필터 적용

③ 복제도장툴

④ 이어붙이기

2. 색상의 진하고 엷음을 나타내는 것으로 아무것도 섞지 않아 색이 맑고 깨끗함의 정도를 가리는 용어는 무엇인가?

① 색조

② 명암

③ 대조

④ 채도

3. 아래 이미지처럼 5장의 사진을 한 장에 담았다. 어떤 기능을 사용했는가?

① 이어붙이기

② 페이지

③ 일괄편집

④ Gif 애니메이션

4. 다음은 포토스케이프의 사진 편집 작업에 대한 설명이다. 작업이 다른 것은 무엇인가?

① 한꺼번에 파일을 처리하려 한다.

② 이미지에 같은 처리의 반복 작업을 하려 한다.

③ 파일명 뒤에 일련 번호를 달 수 있다.

④ 원본과 변경된 파일은 한 폴더에 저장해야한다.

5. 포토스케이프를 통해서 사진을 자르려고 한다. 설명이 틀린 것은 무엇인가?

① 마우스를 드래그하는대로 자유롭게 자를 수 있다.

② 자르기를 한 후 자른 사진만 따로 저장할 수 있다.

③ 사진 자르기는 사진의 파일의 용량을 줄이고자 할 때 사용한다.

④ 자르기는 원형을 이용해 동그랗게 자르기를 할 수 있다.

정답

1. ③   2. ④   3. ②   4. ④   5. ③

CHAPTER

10

인터넷과 인터넷 주소 체계

학습목차

학습목표

- 인터넷의 정의와 역사에 대해 학습할 수 있다
- 국가 별 인터넷 발전 정도를 이해할 수 있다
- OECD국가별 인터넷 발전 척도를 이해할 수 있다
- 인터넷 주소 체계에 대해 학습할 수 있다

1. 컴퓨터와 인터넷

1) 인터넷의 정의

인터넷(Internet)은 **INTERconnected NETwork**의 합성어로서 물리적으로는 컴퓨터 간에 서로 정보를 교환 할 수 있도록 상호 연결되어 있는 네트워크를 의미한다.

인터넷은 지구촌 생활 구석 구석에 존재하여 없어서는 안될 기술을 초월한 생활이 되었다.

초기의 인터넷은 '정보의 바다'라는 수식어가 붙을 정도로 많은 정보를 인터넷을 통해서 얻었다.

인터넷 기술은 꾸준히 발달하여 단순한 정보 제공을 넘어 인터넷 뱅킹, 소셜네트워크, 모바일 웹, 등으로 서비스 영역을 넓혀 갔다.

이제 인터넷은 다양한 사물들과도 융합되어 최근 스마트 TV, 전기자동차, 웨어러블 디바이스, 핀테크, 드론 등 우리 주변에 있는 사물들이 인터넷에 연결되어 다양한 기능을 수행하는 사물인터넷 시대가 펼쳐지고 있다.

컴퓨터의 발달은 네트워크의 발달을 유도했고 컴퓨터와 네트워크는 이제 하나가 되어 인터넷이 존재하지 않는 컴퓨터는 단순한 기계에 불과하고 컴퓨터가 없는 네트워크는 아예 존재 자체가 불가능한 현실이 되었다.

2. 인터넷의 역사 및 발전 과정

1) 최초의 컴퓨터 – 애니악

최초의 컴퓨터인 애니악(ENIAC)은 1960년대 최초로 포탄 낙하를 계산하기 위해 군사용 컴퓨터로 설계되었다.

그 후 컴퓨터는 개발을 거듭하여 퍼스널컴퓨터(Personal Computer)로 발전하였고 이후 네트워크 기술이 발전하면서 인터넷은 급속도로 성장하기 시작하였다.

즉, 퍼스널 컴퓨터의 발달로 개개인 각자가 컴퓨터를 사용하기 시작하였고 이러한 상황이 인터넷의 발달을 촉진시켰다.

2) 최초의 인터넷 등장

◢ ARPAnet의 등장

알파넷은 인터넷의 시효이다.

1969년에 미국 국방성(Department of Defense) 산하 ARPA(Advanced Research Projects Agency)의 주도하에 미 국방성의 중형 컴퓨터에 UCLA와 스탠포드 대학, UC 버클리 및 유타 대학 등의 컴퓨터가 연결됨으로써 ARPAnet이 구축되었다.

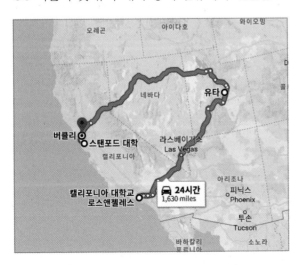

※ 참조: 구글맵

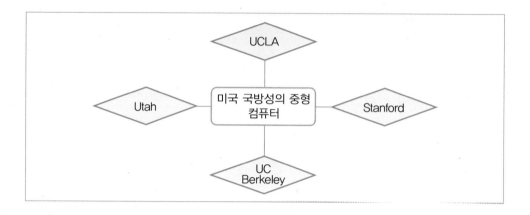

ARPA에서 패킷 교환 방식을 새롭게 적용하게 되었고 네트워크의 일부가 손상되더라도 다른 경로를 통해서 데이터를 전송할 수 있도록 하였는데 이것이 인터넷 최초의 기술이 되었다.

■ 1960년대 인터넷 등장 이전의 군사 시설

인터넷이 등장하기 이전에는 회선 교환망 방식을 이용하였기 때문에 한 쪽의 군사 시설이 파괴되면 다른 쪽의 군사 시설에도 영향을 주었다. 그래서 각 군사 시설의 독립성을 유지하고 다른 군사 통신의 영향을 받지 않을 수 있는 통신 시스템이 필요하였다.

3) 인터넷의 발전 배경

인터넷 발전 배경으로 퍼스널 컴퓨터의 등장과 국가 망 구축 및 네트워크 장비 기술의 발달, 그리고 World Wide Web의 보급 등 세 가지 요인을 들 수 있다.

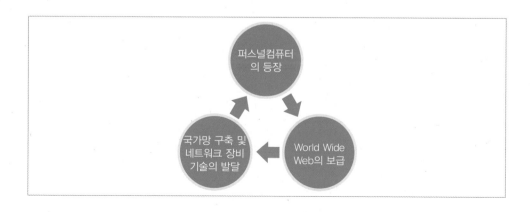

(1) 퍼스널 컴퓨터의 등장

개발 초창기의 컴퓨터는 크기도 컸지만 전문적인 목적으로만 사용되다가 컴퓨터가 개발되고 마이크로 프로세서의 발달로 컴퓨터는 점점 작아지기 시작했다.

컴퓨터의 소형화 및 PC(Personal Computer)가 등장하기 시작하면서

> → 일반인들도 쉽게 컴퓨터를 사용하게 되었다.

> → 개인 컴퓨터의 등장은 네트워크 장비의 발달과 함께 일반인들의 인터넷 사용을 가속화시켰다.

(2) 국가망 구축 및 네트워크 장비 기술의 발달

- 국가 망 구축 – 지역에 국한된 네트워크를 전국적으로 묶는 국가 망 구축이 이루어 지면서 다양한 인터넷 서비스가 개발되기 시작하였다.

- 국가 망을 이용하여 인터넷을 사용하는 일반 사용자들도 급증하기 시작하였다.

- 네트워크 장비의 속도가 점점 빨라짐 – 64kbps 속도로 시작한 ISDN 서비스에서 지금은 100Mbps 이상의 속도로 이동 중에도 인터넷을 할 수 있는 초고속 인터넷 기술들이 속속 개발되고 있다.

(3) www(월드 와이드 웹)의 보급

무엇보다도 일반인들이 인터넷을 쉽게 이용할 수 있게 된 결정적인 계기는 바로 www(World Wide Web) 기술이다.

- www 서비스 사용 이전
  인터넷을 사용하기 위해서는 전문 인터넷 관련 용어들을 익혀야 했기 때문에 인터넷은 전문 연구원들이나 일부 전문가들의 전유물이었다.

- www 서비스 사용 이후
  Tim Berners-Lee가 1989년에 처음으로 'Web'이라는 시스템을 제안했다.

> → 처음으로 Web(웹) 시스템에서 사용하는 웹 브라우저, 서버, 웹 페이지 개념을 사용.

> → 웹의 필수 기술인 URL, HTTP, HTML(Hyper Text Markup Language)을 사용.

1992년 'GUI (Graphic User's Interface)' 방식을 이용한 최초의 웹 브라우저 모자이크(Mosaic)가 발표되기 시작하면서 인터넷이 대중화되기 시작.

단순히 텍스트로만 사용하던 인터넷이 웹 브라우저를 통해서 다양한 멀티미디어의 형태 즉 소리, 이미지, 동영상의 형태로 정보를 제공하게 되었다.

3. 인터넷 이용 현황

국가별로 인터넷 이용 현황을 살펴보면서 인터넷의 발전 정도를 살펴볼 수 있다.

1) OECD 주요 회원국 유선 초고속 인터넷 가입자수

2017년 조사 자료에 의하면 2016년 OECD 주요 회원국 인구 100명당 유선 초고속 인터넷 가입자수 비율을 보면, 스위스(51.4%), 덴마크 (42.8%), 네덜란드(41.8%), 프랑스(40.9%) 순이었다. 우리나라는 40.1%이었다.

(단위: %)

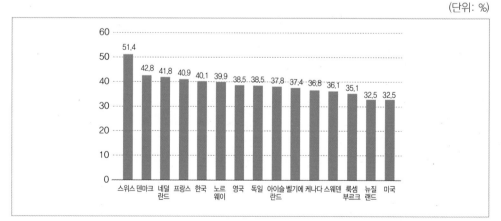

[OECD, https://data.oecd.org/broadband/fixed-broadband-subscriptions.htm#indicator-chart, 2016], 인터넷 백서 2017, p622

2) OECD 주요 회원국 무선 초고속 인터넷 가입자수

2017년 조사 자료에 의하면 2016년 OECD 주요 회원국의 인구 100명당 무선 초고속 인터넷 가입자 수 비율은 일본이 146.4%로 가장 높고 다음으로 핀란드(139.4%), 스웨덴(124.7%) 등의 순이며 우리나라는 109.0%를 기록했다

(단위: %)

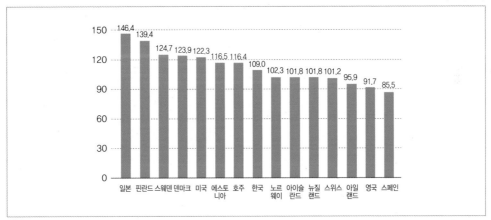

[OECD, https://data.oecd.org/broadband/wireless-mobile-broadband-subscriptions. htm, 2016], 인터넷백서 2017, p622

3) ICT 발전지수

인터넷의 발전 현황을 알아보기 위한 수단 중의 하나로 국제적으로 이용되고 있는 국제지수로 'ICT 발전지수'를 들 수 있다.

ICT 발전지수는 ITU(International Telecommunication Union − 국제전기통신연합)에서 ITU 회원국 간의 ICT(Information and Communications Technology − 정보통신기술) 발전 정도를 비교, 분석하기 위한 지수로 국가의 ICT 접근성, 이용도, 활용 역량 등 3개부문등 11개 지표에 대한 항목 평가를 집계하여 지수를 산출하고 국가 간 디지털 발전도를 평가하는데 사용된다.

◢ 국제 지수 현황

우리나라는 여러 민간기관에서 발표하는 ICT 관련 국제지수에 여러 해 동안 상위권에 머물면서 인터넷 강국으로서의 위치를 다지고 있다

▌ ICT 관련 국제지수에서의 한국 순위표

발표 기관	지수명	한국 순위										비고
		2007	2008	2009	2010	2011	2012	2013	2014	2015	2016	
UN	전자정부 발전지수	–	6	–	1	–	1	–	1	–	3	영국 1위 호주 1위
ITU	ICT 발전지수	1	–	2	1	1	1	1	2	1	1	아이슬란드 1위 덴마크 3위
WEF	네트워크 준비지수	19	9	11	15	10	12	11	10	12	13	싱가포르 1위 핀란드 2위
	글로벌 경쟁력 지수 기술준비도 부문	7	13	15	19	18	18	22	26	27	28	스위스 1위 싱가포르 2위
IMD	세계 경쟁력 지수 기술 인프라 부문	6	14	14	18	14	14	11	8	13	15	싱가포르 1위 스웨덴 2위

[인터넷백서 2017], p630

4. 국내 인터넷의 발전 현황

1) 한국의 인터넷 역사

(1) 1982년

• 최초의 SDN(TCP/IP) 구축

  서울대학교 컴퓨터 공학과 중형 컴퓨터와 한국전자통신연구소의 중형 컴퓨터를 연결하면서 처음으로 인터넷을 시작하게 됨

(2) 1990년

KAIST와 미국의 하와이대학이 연결되면서 처음으로 해외와의 인터넷 망이 연결됨

(3) 1994년

처음으로 한국통신, 데이콤, 아이네트가 모여 인터넷 상용서비스를 시작

(4) 1996년

ISDN(integrated services digital network)인터넷 서비스가 개통
국내 최초의 디지털 통신망을 이용한 음성, 문자, 영상 등의 통신 서비스

(5) 1997년

초고속 국가 망 인터넷 서비스를 시작

(6) 1998년

두루넷에서 초고속 인터넷 상용 서비스를 개시

(7) 1999년

하나로 통신에서 ADSL(Asymmetric Digital Subscriber Line, 비대칭 디지털 가입자 회선) 서비스를 개시
인터넷 뱅킹 서비스 개시

(8) 2001년

OECD 회원국 중 초고속망 구축 세계 1위를 차지
IT 강대국으로 발돋움하기 시작

(9) 2005년

인터넷 전화(VoIP)시대 개막

(10) 2008년

인터넷 전화에 이어 IPTV, 즉 인터넷 TV 시대를 열었다.
하나의 인터넷 서비스 망에 가입하면 인터넷 전화와 TV를 동시에 사용 가능

(11) 2011년

 ICT 발전지수 세계 1위

 LTE(Long Term Evolution) 상용서비스

(12) 2014년

 IPv6 상용화

 Giga 인터넷 상용화

 모바일 지갑 '핀테크 시대' 도래 - 금융과 IT가 결합된 산업 및 서비스 시작

(13) 2015년

 '클라우드 컴퓨팅 발전 및 이용자 보호에 대한 법률' 제정

 공공데이터 개방지수 OECD 1위 달성

 인터넷전문은행 - K뱅크, 카카오뱅크 선정

2) 국내 인터넷 주요 통계 정보

┃ 국내 인터넷 이용률 및 이용자수 변화 (3세 이상)

(단위: %, 천 명)

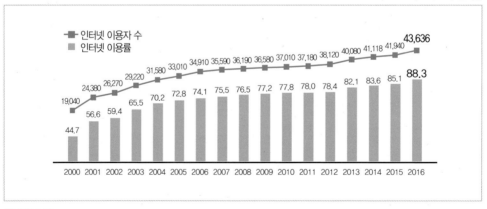

만 3세 이상
(2004년 조사부터 인터넷에 무선(모바일) 인터넷을 포함시켰으며, 인터넷 이용자 정의도 '월평균 1회 이상 인터넷 이용자'에서 '최근 1개월 이내 인터넷 이용자'로 변경함)
[한국인터넷진흥원, 2017년 인터넷이용실태조사], p309

▎인터넷 접속 방법(만 3세 이상, 복수 응답)

(단위: %)

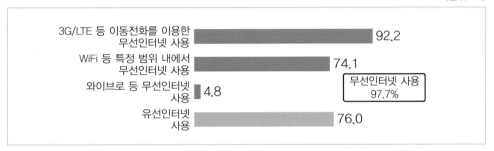

"개인 인터넷 이용환경은 전체의 96.9%가 스마트폰, 스마트패드 등을 이용해 '장소 구분 없이' 인터넷을 이용하는 것으로 조사되었다" (인터넷 백서 2017, p313)
[한국인터넷진흥원, 2016 인터넷이용실태조사], 2016

5. 인터넷 주소 체계

「인터넷 주소 자원에 관한 법률」에 의하면, '인터넷 주소'란 인터넷 국제표준 방식에 의해 일정한 통신 규약에 따라 특정 정보시스템을 식별하여 접근할 수 있도록 하는 숫자·문자·부호 또는 이들의 조합으로 구성되는 정보 체계를 말한다.

인터넷 주소는 인터넷에서 컴퓨터 및 정보통신 설비가 인식하도록 만들어진 IP(Internet Protocol)주소와 이러한 IP주소를 사람이 기억하기 쉽게 만들어진 도메인이 있다.

1) IP주소

IPv4주소는 32비트로 0.0.0.0부터 255.255.255.255까지의 조합으로 구성되며, 약 43억 개의 주소 사용이 가능하다.

IPv6주소는 IPv4주소 부족 문제를 해결하기 위해 개발된 주소 체계로, IPv4주소를 4배 확장한 128비트이며, 약 43억×43억×43억×43억 개의 주소 사용으로 거의 무한대로 사용이 가능하다.

2011년 2월 3일 세계 인터넷 주소 총괄 관리기구인 ICANN이 IPv4주소의 고갈을 선언한 이후 정부는 IPv6 도입, 확산을 위한 정책 및 프로그램을 펴고 있다.

IPv6는 폭발적으로 증가하는 인터넷 사용에 대비하여 IPv4에 비해 네트워크 속도의 증가, 특정한 패킷을 인식한 높은 품질의 서비스를 제공하고 데이터의 무결성 및 비밀 보장 등의 장점을 가지고 있다.

IPv4주소 예: '192.168.15.10'

IPv6주소 예: 21DA:00D3:0000:2F3B:02AA:00FF:FE28:9C5A

2) 도메인

도메인은 숫자로만 구성된 인터넷에 연결된 컴퓨터의 주소를 사람이 기억하기 쉬운 문자(영문, 한글, 숫자, 하이픈)로 만든 인터넷 주소이다.

도메인은 전 세계적으로 고유해야하므로 정해진 체계에 따라 생성된다.

도메인 주소는 IP 주소와 1:1, 1:n, n:1로 대응된다.

도메인 네임 체계에는 '3단계 도메인 체계'와 '2단계 도메인 체계'가 있다.

◢ 3단계 도메인 체계

3단계 도메인 네임은 루트(root) 도메인을 기준으로 계층적(역트리 구조 Inverted tree)으로 3단계로 구성된다.

• 1단계: 최상위 도메인(TLD: Top Lever Domain)

　　─ 국가최상위도메인(ccTLD: country code Top Level Domain)
　　　kr(대한민국), jp(일본), fr(프랑스), cn(중국), uk(영국)

　　─ 일반최상위도메인(gTLD: generic Top Level Domain)
　　　국가의 명칭과 관계없이 등록 목적에 맞게 글로벌하게 사용할 수 있는 최상위 도메인

　　　com – 회사, net – 네트워크 관련 기관, org – 비영리 기관, biz – 사업,
　　　travel – 여행 관련 기관, 외에도 bible, club, college, green, post 등 다양하다.

- 2단계 서브도메인(SLD: Second Level Domain)

  co, go, or, ac, re, …

- 3단계 레이블 – 신청인이 직접 이름을 정하는 기관 명칭

  예) www.naver.com, www.kisa.or.kr, www.hycu.ac.kr, www.utah.edu

◢ 2단계 도메인 체계

국내에서는 2006년에 2단계 체계 도메인을 '국문 2단계'("한글.kr")와 '영문 2단계'(영문.kr)로 구분하여 도입하였다.

국문 2단계 예: 한국인터넷진흥원.kr

영문 2단계 예: kisa.kr

▎ 단계별 도메인 체계도

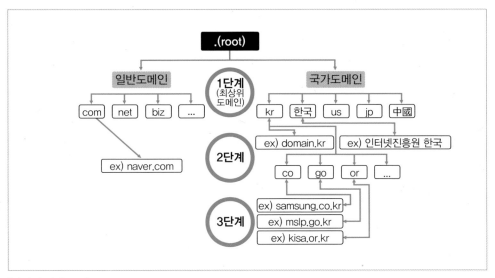

[인터넷 백서2017], p506

최상위 도메인 종류

국가코드 최상위 도메인	국명	일반 최상위도메인	기관명
kr	한국	org	비영리기관
uk	영국	com	회사
jp	일본	gov	정부
cn	중국	edu	교육기관
ca	캐나다	net	네트워크
fr	프랑스	mil	군사기관

서브 도메인 종류

도메인	내용
or	비영리 기관
co	영리
go	정부
ac	교육 기관
nm	네트워크
re	연구 기관
pe	개인
seoul	서울특별시
busan	부산광역시

3) DNS(Domain Name System)

IP 주소와 도메인 네임을 일대일로 대응시켜 변환해주는 서비스를 DNS라고 한다.

(1) 사용자가 도메인 주소로 웹사이트를 요청하면

(2) DNS 서비스를 통해 IP주소를 얻어와

(3) 실제적으로는 IP주소로 해당 웹사이트로 접속한다

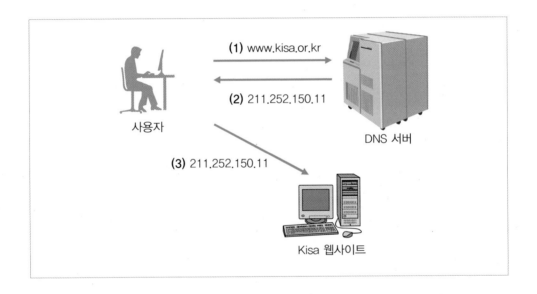

학습정리

1. 인터넷의 발전 배경

   • 퍼스널 컴퓨터의 등장

   • 국가망 구축 및 네트워크 장비 기술의 발달

   • WWW의 보급

2. 한국 인터넷의 역사

   • SDN 구축 - 최초의 인터넷 접속

   • 교육망, 연구망 구축

   • ISDN 인터넷 서비스 개시

   • ADSL 초고속 인터넷 서비스 개시 (하나로 통신)

   • 인터넷 전화 상용서비스 개시

   • IPTV 상용서비스 개시

   • LTE 서비스

3. 인터넷 주소

   • IPv4주소는 32비트로 0.0.0.0부터 255.255.255.255까지의 조합으로 구성되며, 약 43억 개의 주소

   • 도메인은 숫자로만 구성된 인터넷에 연결된 컴퓨터의 주소를 사람이 기억하기 쉬운 문자(영문, 한글, 숫자, 하이픈)로 만든 인터넷 주소

4. ICT 발전 지수

- 인터넷의 발전 현황을 알아보기 위한 수단 중의 하나로 국제적으로 이용되고 있는 국제지수로 'ICT 발전지수'

- ITU 회원국 간의 ICT(Information and Communications Technology − 정보통신기술) 발전 정도를 비교, 분석하기 위한 지수로 국가의 ICT 접근성, 이용도, 활용 역량 등을 평가

학습평가

1. 다음 중 ARPAnet의 특징에 대한 설명 중 틀린 것은?

① 최초의 인터넷으로 군사용으로 개발되었다.

② 회선교환 방식을 이용하였다.

③ 패킷교환 방식을 이용하였다.

④ 미 국방성에서 군사 시설의 독립성을 유지하기 위해 최초로 개발하였다.

2. 전문가들의 전유물로만 있었던 초창기 인터넷이 일반화되기 시작한 배경이 아닌 것은?

① 국가망 구축

② WWW 보급

③ 퍼스널 컴퓨터의 등장

④ ARPANET의 해체

3. 우리나라 인터넷 역사를 시대순으로 나열하시오.

① 인터넷전화 서비스 개시

② 하나로 통신에서 ADSL (Asymmetric Digital Subscriber Line) 서비스 개시

③ KAIST와 미국의 하와이대학이 연결

④ ISDN (integrated services digital network)인터넷 서비스가 개통

⑤ LTE 서비스 개시

4. ARPAnet 연결 망과 관계가 없는 것은?

① UCLA

② Stanford

③ Caltec

④ Utah

5. 월드 와이드 웹 서비스와 관련 있는 것이 아닌 것은 무엇인가?

① Tim Berners-Lee

② http

③ url

④ ARPANet

6. 다음 중 IP주소 체계에 대한 설명이 바르지 못한 것은 무엇인가?

① IPv4는 32비트 주소 체계이다.

② IPv6는 128비트 주소 체계이다.

③ IPv6는 거의 무한대에 가까운 주소 사용이 가능하다.

④ IP 주소는 인터넷에 연결된 컴퓨터의 주소로 문자와 숫자와 부호의 조합으로 이루어진다.

7. 다음 도메인 중에서 최상위 도메인으로 사용할 수 없는 것은 무엇인가?

   ① com

   ② net

   ③ kr

   ④ co

8. 인터넷에 연결된 컴퓨터 주소에는 IP주소와 도메인 주소가 있다. 인터넷 웹사이트에 접속하기 위해서 이루어지는 작업에 대한 설명이 아닌 것은 무엇인가?

   ① 웹 브라우저에 IP주소를 직접 입력하면 안된다.

   ② 웹 브라우저에 도메인 주소를 입력하면 DNS 서버에서 IP주소를 가져온다.

   ③ 웹 브라우저에 IP주소를 직접 입력해도 된다.

   ④ IP주소를 입력하면 DNS 서버에서 도메인 주소를 가져온다.

정답

1. ②　　2. ④　　3. ③, ④, ②, ①, ⑤　　4. ③　　5. ④　　6. ④　　7. ④　　8. ①, ④

웹브라우저의 활용과
인터넷 침해사고 대응

학습목차

1. 인터넷 익스플로러의 기본 기능 익히기
2. 인터넷 익스플로러 안전하게 사용하기
3. 인터넷 침해사고 대응

학습목표

- 인터넷 익스플로러에서 개인정보를 보호하면서 안전하게 사용하는 방법을 익힐 수 있다.
- 즐겨찾기 추가 및 가져오기/내보내기 등을 익힐 수 있다.
- 개인 정보 보호를 위하여 검색 기록 삭제 및 SmartScreen 필터 사용 방법을 익힐 수 있다.
- 인터넷 침해사고의 유형을 파악하고 대응방법을 알아볼 수 있다

1. 인터넷 익스플로러의 기본 기능 익히기

1) 인터넷 익스플로러 11 레이아웃

❶ 홈 🏠

브라우저를 열었을 때 처음 열리는 페이지를 의미한다.

[홈]버튼을 클릭하면 '인터넷옵션'에서 미리 지정해 놓은 홈페이지로 이동한다.

❷ 즐겨찾기 피드 및 열어본 페이지목록 ★

자주 방문하는 페이지의 URL을 저장하거나 열어본 페이지 목록을 볼 수 있다.

❸ 도구 ⚙

인터넷 익스플로러의 모든 환경 설정 및 옵션 등을 설정하는 곳이다.

❹ 새 탭

이곳을 클릭하면 이미 열려있는 기존의 창에서 탭이 새로 추가된다.

❺ 메뉴 모음

인터넷 익스플로러에서 할 수 있는 모든 작업을 설정하고 실행할 수 있는 메뉴이다.

자주 사용하는 메뉴는 오른쪽 상단 끝에 있는 [도구] 아이콘을 이용한다.

2) 홈페이지 탭 설정

[도구] - [인터넷옵션] - [일반] - [홈페이지]에서 설정할 수 있다.

홈페이지로 열리기를 원하는 URL을 한 줄에 하나씩 주소를 입력하면 된다.

홈페이지 지정은 탭 방식이 지원되는 브라우저에서는 여러 개를 지정해서 익스플로러를 열면 동시에 열리도록 되어 있다.

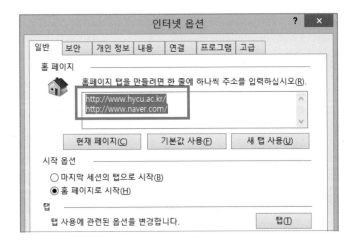

3) 즐겨찾기

(1) 즐겨찾기에 추가

자주 가는 웹 페이지의 URL에 대한 정보를 '즐겨찾기'에 저장할 수 있다.

즐겨찾기에서는 정보의 주소만 기억되고 정보 자체는 저장되지 않는다.

즐겨찾기 항목은 이름을 바꿀 수도 있고 즐겨찾기를 원하는 폴더 별로 관리할 수도 있다.

❶ [즐겨찾기에 추가] - [즐겨찾기에 추가]를 클릭한다.

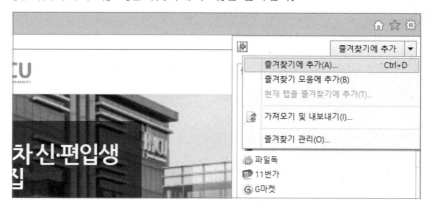

❷ 생성된 '즐겨찾기 추가' 창에 해당 페이지의 이름과 저장하려는 폴더를 사용자가 임의로 지정한 후 [추가] 버튼을 누른다.

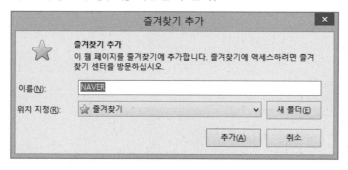

(2) 즐겨찾기 가져오기/내보내기

최근에 클라우드 저장소를 이용하는 경우가 늘면서 이동하는 곳 어디라도 다양한 디바이스를 통해서 편하게 자료에 접근해 작업할 수 있다. 그러나 웹 브라우저를 이용할 때 자주 사용하는 즐겨찾기는 클라우드를 통해서 이용할 수가 없어 이동한 곳에서 번번히 새롭게 주소를 찾아야 하는 번거로움이 있다.

즐겨찾기를 파일로 저장해놓으면 이동하는 곳이 어디라도 [가져오기/내보내기]를 이용해 쉽게 즐겨찾기를 이용할 수 있다.

◼ 즐겨찾기 내보내기

즐겨찾기 목록을 내 컴퓨터외의 다른 컴퓨터나 스마트기기로 이동하기 위해 가져오기/내보내기 등을 한다.

❶ [즐겨찾기에 추가] – [가져오기 및 내보내기]를 클릭한다.

❷ 즐겨찾기 목록을 '파일로 내보내기'를 선택한 후 [다음]을 클릭한다.

(만일 저장된 즐겨찾기 파일을 가져올 경우에는 [파일에서 가져오기]를 클릭하면 된다.)

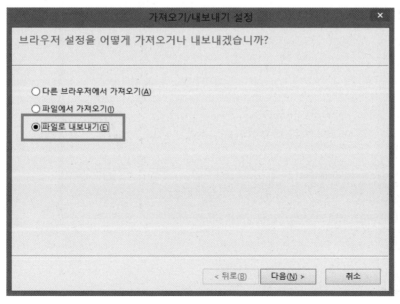

❸ "무엇을 가져오시겠습니까?"에 [즐겨찾기]를 선택한 후 [다음]을 클릭한다.

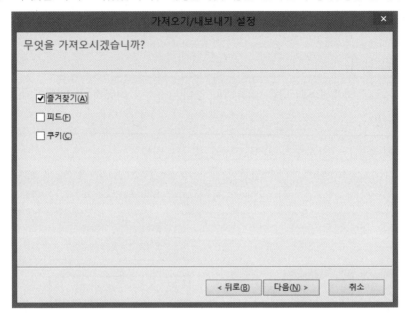

❹ 즐겨찾기를 내보낼 폴더를 선택한 후 [다음]을 클릭한다.

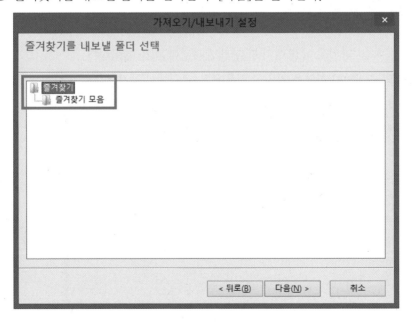

❺ "어디로 즐겨찾기를 내보내시겠습니까?"에 폴더를 지정한 후 [내보내기]를 클릭한다.

지정 폴더를 변경할 경우 [찾아보기]를 클릭해서 폴더를 재 지정한다.

즐겨찾기가 htm 파일 포맷으로 저장된다는 것을 알 수 있다.

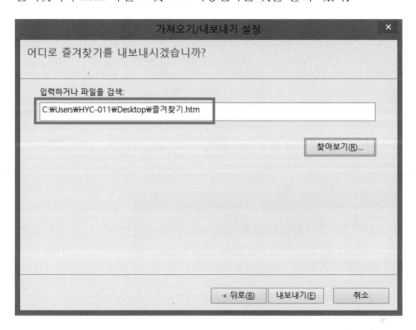

❻ "이 설정을 성공적으로 내보냈음" 메시지를 확인한 후 [마침]을 클릭한다.

4) 팝업 차단하기

익스플로러는 웹 보안에 취약한 편이다. 많은 경우 특정 사이트를 방문했을 때 열리는 광고 팝업이 컴퓨터 침해를 유발하는 경우가 상당히 많이 있다. 이러한 침해 사고에 노출을 피하기 위해서 익스플로러에서 항상 팝업을 차단할 수 있다. 팝업이 완전히 차단된 상태에서 특정한 홈페이지의 팝업창만을 허용하기 위해 웹 페이지의 URL 목록을 관리할 수 있다.

❶ [도구] -[인터넷 옵션] – [개인 정보] - [팝업 차단 사용] 에 체크하면 전체 팝업 차단 설정을 할 수 있다.

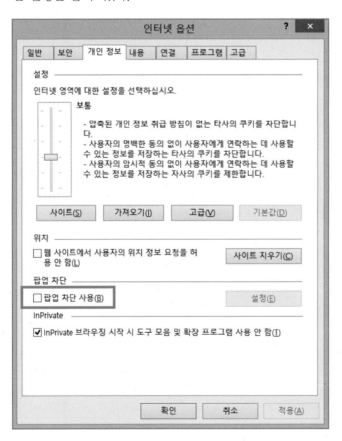

❷ [팝업 차단 사용]이 체크된 상태에서 특별히 팝업을 허용할 웹사이트 주소 목록을 만들 수 있다.

[도구] – [인터넷 옵션] – [개인 정보] – [팝업 차단 사용] – [설정]을 클릭한다.

'허용할 웹 사이트 주소' 줄에 팝업 창을 허용할 사이트 주소를 입력한 후 [추가] 버튼을 클릭하면 '허용된 사이트' 목록으로 저장된다.

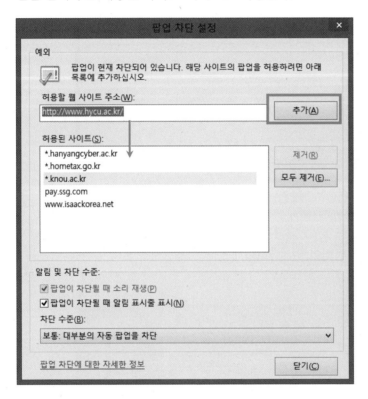

5) 인쇄/페이지 설정하기

◢ 페이지 설정하기

웹사이트의 화면을 인쇄할 수 있다.

용지 크기, 가로/세로 지정, 여백 지정 등을 할 수 있다.

배경색 및 이미지 인쇄 등의 여부를 결정할 수 있다.

머리글/바닥글에 웹페이지 제목, URL, 날짜, 페이지번호 등을 직접 입력할 수 있다.

❶ [도구] – [인쇄] – [페이지 설정]에서 설정할 수 있다.

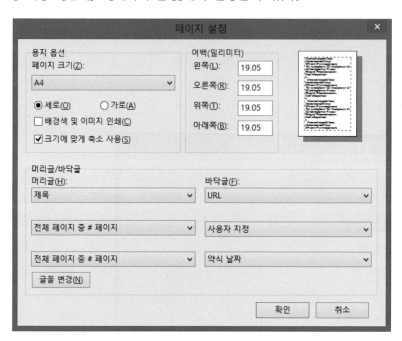

❷ 머리글/바닥글에 지정되어 있지 않은 내용을 '사용자지정'에서 원하는 내용을 입력
할 수도 있다.

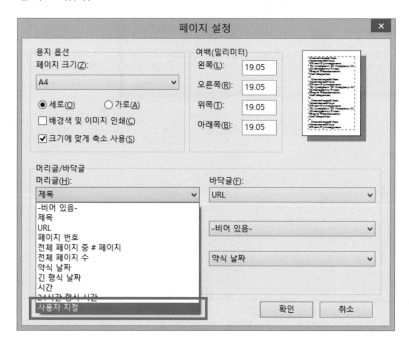

◢ 웹페이지 특정 부분만 인쇄하기

❶ 웹페이지의 일부분을 드래그하여 블록으로 설정한다.

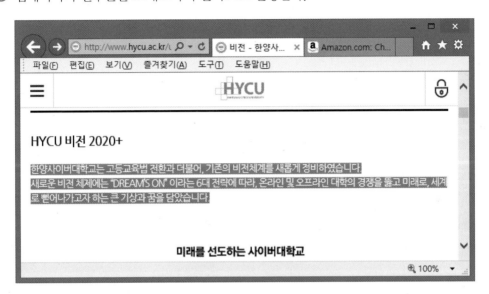

❷ [도구] – [인쇄 미리보기] 에서 "화면에서 선택한 대로"를 선택한 후 [인쇄하기] 버튼을 클릭한다.

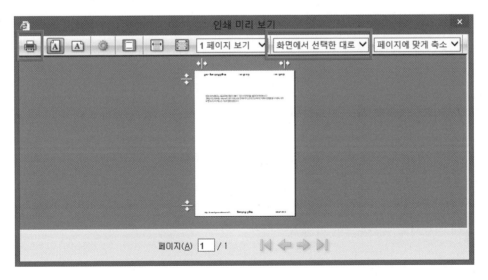

2. 인터넷 익스플로러 안전하게 사용하기

1) 검색 기록 삭제하기

◢ 검색 기록의 개요

검색 기록이란 Internet Explorer가 사용자가 방문하는 웹 사이트에 대한 정보와 사용자의 정보(사용자의 이름, 주소 및 암호)등을 컴퓨터 메모리에 파일로 저장해 놓은 것을 말한다. 이러한 정보를 메모리에 저장해 두면 웹 검색 속도가 향상되고 같은 주소나 아이디 또는 암호 등을 매번 입력하지 않아도 되므로 편리하다는 장점이 있다.

그러나 공공장소에서 웹 검색을 했거나 여러 사람이 공동으로 컴퓨터를 사용하는 경우에는 사용자의 개인정보가 해킹 당할 경우 피해를 입을 수 있는 단점이 있다.

◢ 검색 기록 유형

• 임시 인터넷 파일

  인터넷 속도 향상을 위해서 컴퓨터에 저장한 웹 페이지, 이미지 및 미디어 등

• 쿠키

  사용자의 설정을 위해 웹 사이트에서 사용자 컴퓨터에 저장해 놓은 로그인 정보

• 열어본 웹 사이트 기록

  사용자가 방문한 웹 사이트의 목록

• 양식 및 암호

  회원 가입과 같은 입력 양식에 입력한 내용 및 암호

• 다운로드 기록

  내 컴퓨터로 다운로드한 파일 목록

◢ 검색 기록 삭제하기

[도구] - [안전] - [검색 기록 삭제]를 클릭해서 원하는 검색 기록 유형을 선택하고 "삭제" 한다.

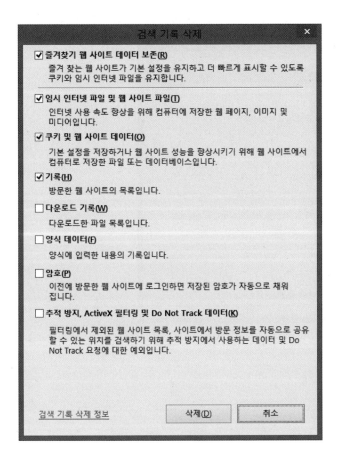

2) SmartScreen 필터

SmartScreen 필터는 Internet Explorer에 있는 기능으로 피싱 웹 사이트를 검색하고 불법, 바이러스, 사기 또는 악의적인 행위를 하는 소프트웨어가 설치되지 않도록 사용자를 보호할 수 있는 기능이다.

[도구] – [안전] – [SmartScreen 필터 끄기]에서 필터 사용 및 해제를 할 수 있다.

사용자가 방문하는 사이트를 피싱 사이트와 악성 소프트웨어 사이트 목록과 비교하여 일치하는 것을 찾으면 안전을 위해 사이트가 차단되었다는 것을 알리는 빨간 경고를 사용자에게 표시한다.

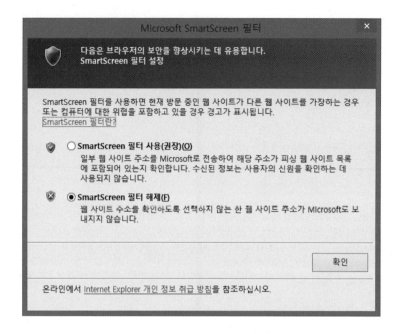

3) InPrivate 브라우징 사용하기

◢ InPrivate 브라우징의 개요

InPrivate 브라우징은 Internet Explorer에서 검색 흔적을 남기지 않고 웹을 검색할 수 있도록 하는 기능이다.

이 기능을 사용하면 사용자가 방문했거나 웹에서 조회한 내용을 알지 못하게 된다.

InPrivate 브라우징이 제공하는 보호 기능은 사용자가 해당 창을 사용하고 있는 동안에만 유효하다.

◢ InPrivate 브라우징 시작하기

InPrivate 브라우징 창에서는 원하는 만큼의 탭을 열 수 있고 그 창안에서 열린 모든 탭은 InPrivate 브라우징 기능으로 보호된다.

새로 창을 열면 열린 창은 InPrivate 브라우징 기능으로 보호되지 않는다.

InPrivate 브라우징을 시작하려면 [도구] - [안전] - [InPrivate 브라우징]을 클릭한다.

▌ InPrivate 브라우징 시작 화면

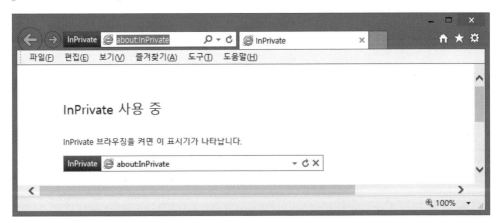

◢ InPrivate 브라우징 종료하기

InPrivate 브라우징 세션을 종료하려면 브라우저 창을 닫으면 된다.

InPrivate 브라우징을 사용하여 검색을 하는 동안은 Internet Explorer는 쿠키 및 임시 인터넷 정보 등을 저장하여 방문하는 동안 웹 페이지가 바르게 표시되도록 하다가 사용자가 InPrivate 브라우징 창을 닫게 되면 세션이 끝나면서 모든 정보가 자동으로 폐기된다.

3. 인터넷 침해사고 대응

1) 인터넷 침해사고 유형

◢ 바이러스

불특정 다수에게 피해를 주기 위한 목적으로 컴퓨터 프로그램이나 메모리에 자신 또는 자신의 변형을 복사해 넣는 방식으로 다른 컴퓨터를 감염시키는 컴퓨터 프로그램 또는 실행 코드이다.

◤ 스파이웨어

이용자의 동의 없이 웹 브라우저의 홈페이지 설정이나 검색 설정을 변경하기도 하고 실행 프로그램이 정상적으로 운영되지 못하도록 방해하거나 삭제한다.

또한 컴퓨터 키보드로 입력한 내용이나 모니터 화면에 표시된 내용을 수집하여 타 컴퓨터로 전송한다.

◤ 애드웨어(Adware)

무작위로 사용자의 컴퓨터에 광고성 팝업 창을 띄운다.

사용자가 의도하지 않아도 웹 브라우저의 초기화면을 특정사이트로 고정시킨다.

◤ Dos(Denial of Service)

시스템의 데이터나 자원을 사용자가 사용하는 것을 방해하는 행위로 주로 시스템에 과부하를 일으켜 시스템 사용을 방해하는 공격 유형이다.

스팸메일이 이에 해당한다.

◤ DDos(Distributed Dos_분산서비스거부) 공격

DoS용 에이전트를 시스템에 여러 개 설치하고, 이 에이전트를 제어하여 여러 군데서 분산된 DoS 공격을 동시에 하여 엄청난 분량의 패킷을 동시에 보내 네트워크의 성능 저하나 시스템 마비를 가져오게 한다.

공격자가 누군지에 대한 추적 및 공격 트래픽의 차단이 어렵다.

◤ 피싱(Phishing)

정상적인 웹 서버를 해킹하여 위장사이트를 개설한 후, 인터넷 이용자들이 위장된 사이트로 방문하게 하고 사용자의 금융정보 등을 빼내는 신종사기수법으로 Bank Fraud, Scam이라고도 한다.

◤ 스미싱(Smishing)

문자메시지(SMS)와 피싱(Phising)의 합성어로 악성 앱 주소가 포함된 휴대폰 문자

(SMS)를 대량으로 전송 후 이용자가 악성 앱을 설치하도록 유도하여 금융정보 등을 탈취하는 신종 사기 수법이다.

- 스미싱의 예

> [설날이벤트]앱설치시 무료쿠폰 2만드림 !!!
> Caj*no*.c*m 새해 복 많이받으세요

- 악성앱

    휴대전화에 일반적으로 많이 설치된 정상앱(예: 크롬, Play 스토어, 공공기관에서 사용하는 민원24, 유명 모바일 백신 등)을 사칭하여 악성앱 설치를 유도한다.

◤ 좀비(Zombie)PC

본인도 모르게 자신의 컴퓨터가 해커의 원격 조종으로 스팸을 발송하거나 DDoS공격을 수행하도록 설정된 컴퓨터나 서버를 말한다.

봇(Bot)이라 불리는 해킹 프로그램에 감염되면 감염된 컴퓨터는 다른 사람에 의해 원격 조종될 수 있다.

봇에 감염된 PC는 피해자가 피해 증상을 눈치 채지 못하는 사이 스팸 메일 및 불법 프로그램을 타 컴퓨터로 유포하고, 정보를 유출하는 행위에 이용되게 된다.

◤ 랜섬웨어

몸값(Ransome)과 소프트웨어(Software)의 합성어로 시스템을 잠그거나 데이터를 암호화해 사용할 수 없도록 하고 이를 인질로 금전을 요구하는 악성 프로그램

2) 인터넷 침해사고 대응

(1) 인터넷 침해사고 일반적 대응 지침

자신이 이용하는 운영체제의 최신 보안업데이트를 주기적으로 실행한다.

공인 받은 백신 S/W를 설치하여 실시간 감시 기능을 활성화시킨다.

인터넷상에서 파일을 다운로드 받을 때는 반드시 바이러스 점검을 먼저 한다.

발신처가 분명하지 않은 메일은 열지 말고 바로 삭제한다.

데이터와 프로그램을 따로 분리 저장하여 컴퓨터 감염 시 데이터를 복구할 수 있도록 한다.

＊ 한국인터넷진흥원에서 인터넷 이용자들이 인터넷 침해사고(해킹, 바이러스 등) 및 불법
스팸, 개인정보침해 사고를 예방하고 대응할 수 있도록 유용한 정보 및 콘텐츠를 알기
쉽게 제공하는 포털사이트인 보호나라(http://www.boho.or.kr)를 운영하고 있다.

(2) 악성 애플리케이션 삭제하기

모바일 백신으로 악성앱 삭제 – 문자메시지에 포함된 인터넷주소를 클릭하는 것만으로
악성코드에 감염되지는 않고 첨부된 인터넷주소를 통해서 특정 애플리케이션을 설치했
다면 악성코드 감염을 의심해야 한다.

스마트폰에 악성앱이 설치되기 위해서는 설치 파일(APK 파일)이 필요하다. 따라서 악
성앱 뿐만 아니라 해당 APK 파일까지 삭제해야 한다.

APK 파일은 스마트폰에 기본적으로 설치되어 있는 '파일관리자', '내파일' 등 파일관리
애플리케이션에서 'Download 폴더'를 확인하여 삭제가 가능하다.

(3) 랜섬웨어 대응 센터

랜섬웨어에 감염되었을 때에는 랜섬웨어 복구 프로그램을 사용할 수 있다. 아래 사이
트에서 랜섬웨어 복구 프로그램을 다운로드 받아 해결할 수 있다.

안랩: http://www.ahnlab.com/kr/site/securityinfo/ransomware/index.do
이스트시큐리티: http://www.estsecurity.com/ransomware#decryption
하우리: http://www.hauri.co.kr/Ransomware/index.html
랜섬웨어침해대응센터: https://www.rancert.com

(4) DNS 싱크홀 대응

악성봇에 감염된 PC를 해커가 조종하지 못하도록 악성봇과 해커의 명령/제어 서버 간
연결을 차단하도록 '보호나라'에서 제공하는 서비스이다.

악성봇이 명령/제어 식별정보중 도메인을 사용하는 경우, 응답 IP주소를 싱크홀 서버
로 변경하는 방법이다.

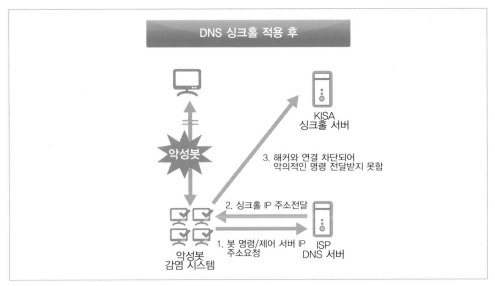

[http://www.boho.or.kr/webprotect/dnsSinkhole.do]

(5) PC 원격 점검

개인의 PC가 바이러스 등에 감염되었을 때 KISA 보호나라에서 감염된 PC에 원격으로 접속하여 악성코드, 바이러스 등을 무료로 제거해주는 서비스이다

(6) 사이버 대피소 대응

사이버대피소는 피해 웹사이트로 향하는 DDoS 트래픽을 대피소로 우회하여 분석, 차단함으로써 PC가 정상적으로 운영될 수 있도록 보호나라에서 운영하는 서비스이다.

이 서비스는 중소기업을 대상으로 하는 무료지원 서비스이다.

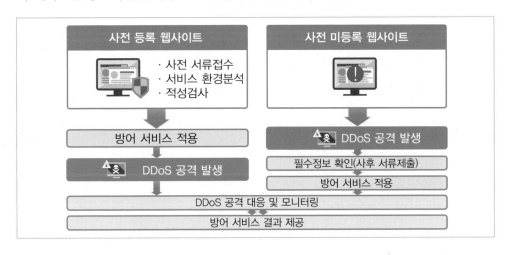

학습정리

1. 인터넷 침해 사고 유형

1) 바이러스 – 자신의 변형을 복사해 타인의 컴퓨터를 감염시키는 컴퓨터 실행코드

2) 스파이웨어 – 웹 브라우저의 홈페이지 설정이나 검색 설정을 변경, 키보드로 입력한 내용이나 모니터 화면에 표시된 내용을 수집하여 전송한다.

3) 애드웨어 – 무작위로 사용자의 컴퓨터에 광고성 팝업 창을 띄운다.

4) DDos(Distributed Dos) 공격 – 시스템에 DoS용 에이전트를 여러 개 설치하고, 이 에이전트를 제어하여 보다 강력한 DoS 공격을 한다.

5) 피싱(Phishing) – 위장 웹 사이트를 개설한 후, 사용자의 금융정보 등을 빼내는 신종사기수법

6) 스미싱(Smishing) – 악성 앱 주소가 포함된 휴대폰 문자(SMS)를 대량으로 전송 후 이용자가 악성 앱을 설치하도록 유도하여 금융정보 등을 탈취하는 신종 사기 수법

7) 좀비(Zombie)PC – 본인도 모르게 자신의 컴퓨터가 해커의 원격 조종으로 스팸을 발송하거나 DDoS공격을 수행하도록 설정된 컴퓨터나 서버를 말한다.

8) 랜섬웨어 – 시스템을 잠그거나 데이터를 암호화해 사용할 수 없도록 하고 이를 인질로 금전을 요구하는 악성 프로그램

2. 인터넷 침해사고 대응

1) 악성 애플리케이션 및 APK 파일 삭제

2) 사이버대피소

3) pc원격점검

4) DNS싱크홀

5) 랜섬웨어 복구 도구

3. 인터넷 익스플로러 안전하게 사용하기

　1) 검색 기록 삭제하기

　2) SmartScreen 필터

　3) InPrivate 브라우징 사용하기

학습평가

1. 정상적인 웹 서버를 해킹하여 위장사이트를 개설한 후, 인터넷 이용자들이 위장된 사이트로 방문하게 하고 사용자의 금융정보 등을 빼내는 개인정보 침해 행위를 무엇이라 하나?

    ① 스파이웨어   ② 바이러스

    ③ 좀비PC   ④ 피싱(Phishing)

2. 인터넷 침해 사고 대응 방안으로 적절하지 않은 것은?

    ① 발신처가 분명하지 않은 메일은 열지 말고 삭제한다.

    ② 백신 S/W를 설치하여 실시간 감시한다.

    ③ 데이터와 응용프로그램을 함께 저장한다.

    ④ 운영체제의 최신 보안 업데이트를 주기적으로 실행한다.

3. 다음 중 개인정보보호를 위한 인터넷 이용자의 대응책이 아닌 것은?

    ① 방화벽을 이용하여 인터넷 서비스나 프로그램의 사용을 선택적으로 차단한다.

    ② 개인정보가 담긴 데이터베이스는 철저히 암호화 설계한다.

    ③ 개인정보 보호정책이 없는 타사의 쿠키는 차단한다.

    ④ 신뢰할 수 있는 사이트를 설정한다.

4. 다음 중 인터넷 침해사고에 대한 설명이 틀린 것은?

① 스미싱 – 휴대폰 문자를 이용하여 악성 앱을 설치하도록 하여 금융정보를 탈취

② DDos 공격 – 에이전트를 제어하여 동시에 엄청난 분량의 패킷을 보내 시스템을 마비시킨다.

③ Dos – 컴퓨터 키보드로 입력한 내용이나 모니터 화면에 표시된 내용을 수집하여 타 컴퓨터로 전송한다

④ 애드웨어 – 무작위로 사용자의 컴퓨터에 광고성 팝업 창을 띄운다

5. 아래 지문에 나온 설명은 어떤 종류의 인터넷 침해사고를 의미하는가?

> "몸값(Ransome)과 소프트웨어(Software)의 합성어로 시스템을 잠그거나 데이터를 암호화해 사용할 수 없도록 하고 이를 인질로 금전을 요구하는 악성 프로그램"

6. 다음 중 개인정보 보호를 위해 정부가 하고 있는 일이 아닌 것은?

① "보호나라" 사이트에서 개인정보 침해사고 대응방안에 대한 콘텐츠를 제공한다.

② e콜센터 ☎ 118 운영

③ 개인정보노출 대응 시스템 운영

④ 기업의 데이터베이스 관리자 침해 대응 및 윤리 교육

7. 개인정보 보호를 위한 정보 관리자의 대응 방안에 속하지 않는 것은?

① 웹 브라우저에서 쿠키와 팝업창을 차단한다.

② 청소년들의 유해한 사이트로의 무분별한 접근을 제어하도록 안전한 인증관리를 해야 한다.

③ 개인정보를 보호하기 위한 대응교육과 윤리 교육을 철저히 한다.

④ 필요 이상의 개인정보가 컴퓨터에 남아있지 않도록 안전한 세션 관리를 한다.

8. 인터넷 익스플로러11에서 개인정보 보호를 하기 위한 방법으로 적당하지 않은 것은?

① Windows 방화벽

② 쿠키 설정

③ 신뢰할 수 있는 사이트 설정

④ 팝업 차단 설정

9. 스미싱 피해 시 대응 방법으로 옳지 않은 것은?

① 공인인증서 폐기 후 재발급하기

② 악성 애플리케이션 설치 파일 삭제하기

③ 모바일 백신을 이용하여 악성 앱 삭제

④ Windows 방화벽이 새 앱을 차단할 때 알림

10. 다음 중 개인정보 침해 유형에 대한 설명 중 틀린 것은?

① 바이러스는 자신의 변형을 복사해 컴퓨터를 감염시킨다.

② 스파이웨어는 이용자 동의 없이 홈페이지 설정을 변경시킨다.

③ 랜섬웨어는 무작위로 사용자의 컴퓨터에 광고성 팝업 창을 띄운다.

④ DDos 공격은 시스템에 설치한 Dos용 에이전트를 제어해 공격한다.

11. 인터넷 익스플로러의 검색 기록의 유형이 아닌 것은?

① 임시 인터넷 파일

② 양식 및 암호

③ 즐겨찾기

④ 쿠키

12. 인터넷 익스플로러에서 피싱 웹 사이트를 검색하여 악의적 소프트웨어가 설치되지 않도록 보호할 수 있는 기능은 무엇인가?

① 피드   ② 스마트 스크린 필터

③ InPrivate   ④ 쿠키

13. 인터넷 익스플로러의 기능에 대한 설명 중 틀린 것은?

① [홈] 버튼을 클릭했을 때 생성되는 홈페이지를 여러 개 창에 동시에 열 수 있다.

② InPrivate 브라우징 창을 이용해 검색 기록을 남기지 않을 수 있다.

③ 즐겨찾기 목록을 파일로 저장할 수 있다.

④ [인터넷옵션]에서 익스플로러의 환경 설정을 할 수 있다.

14. 웹 사이트의 화면을 인쇄하려고 한다. 설명이 틀린 것은 ?

① 용지 크기, 가로/세로 지정, 여백 지정 등을 할 수 있다.

② 배경색을 인쇄하지 않도록 설정할 수 있다.

③ 웹 사이트의 일부 텍스트만 인쇄하려면 '화면에 보이는 대로'를 선택해야 한다.

④ 머리글/바닥글에 웹페이지 제목, URL, 날짜, 페이지번호 등을 직접 입력할 수 있다.

15. 인터넷 익스플로러 11 [인터넷 옵션]에서 팝업 차단을 하는 방법에 대한 설명 중 틀린 것은?

① 원하는 사이트별로 팝업을 차단할 수 있다.

② 팝업을 허용할 사이트를 목록으로 만들면 이 목록에 있는 사이트는 항상 팝업이 허용된다.

③ 팝업을 차단하면 모든 웹사이트의 팝업이 차단된다.

④ 팝업이 차단된 상태에서 일부 사이트들의 팝업을 허용할 수 있다.

16. 사용자의 설정을 위해 웹 사이트에서 사용자 컴퓨터에 저장해 놓은 1KB 분량의 로그인 정보를 무엇이라 하는가?

    ① 양식   ② 암호

    ③ 필터   ④ 쿠키

17. 웹 사이트에서 개인 정보나 금융 정보 등을 공개하기 쉬운 은행, 신용카드 회사, 유명 온라인 판매 업체 등의 유사 사이트를 만들고 이곳으로 유인한 후 개인정보를 빼가는 행위이다. 이러한 행위를 무엇이라고 하는가?

18. 다음 중 익스플로러에서 개인정보 보호 설정에 관한 기능으로 볼 수 없는 것은?

    ① 검색 기록 삭제하기   ② 호환성 보기 설정하기

    ③ 팝업 차단하기   ④ InPrivate 브라우징 사용하기

19. 악성봇에 감염된 PC를 해커가 조종하지 못하도록 악성봇과 해커의 명령/제어 서버 간 연결을 차단하도록 '보호나라'에서 제공하는 서비스는 무엇인가?

20. 다음 중 InPrivate 브라우징의 기능에 대한 설명이 바르지 못한 것은?

    ① InPrivate 브라우징이 제공하는 보호 기능은 사용자가 해당 창을 사용하고 있는 동안에만 유효하다

    ② InPrivate 브라우징창에서는 여러 개의 탭을 열 수 있다.

    ③ InPrivate 브라우징창 안에서의 열린 모든 탭은 InPrivate 브라우징 기능으로 보호된다.

    ④ InPrivate 브라우징창 안에서 여러 탭이 열려 있을 때에는 그 중 한 탭만 닫아도 나머지 탭들은 InPrivate 브라우징으로 보호되지 않는다.

정답

1. ④   2. ③   3. ②   4. ③   5. 랜섬웨어   6. ④   7. ①   8. ①   9. ④   10. ③

11. ③   12. ②   13. ①   14. ③   15. ①   16. ④   17. 피싱   18. ②   19. DNS싱크홀   20. ④

인터넷 관련 기술과
무선 통신 기술

학습목표

• 인터넷 관련 보안 인증 기술에 대해 익힐 수 있다.
• 주민번호를 대체할 수 있는 인증 방법에 대해 이해할 수 있다.
• 무선 통신의 신호 전달 기술에 대해 이해할 수 있다.
• 블루투스, NFC, WiFi 등의 기술과 활용에 대해 학습할 수 있다.

1. 인터넷 인증 기술

사이버 환경에서 유통되는 정보의 신뢰성을 얻거나 적법한 사용자나 기기를 식별하는 데 인증기술이 사용된다.

◢ 지식 기반(Knowledge-based) 사용자 인증 기술

사용자와 서버가 미리 설정하고 공유한 비밀 정보를 기반으로 사용자를 인증하는 방식이다.

별도의 하드웨어가 필요 없어 적은 비용으로 사용자의 편리성을 높일 수 있다.

패스워드 인증 방식이 그 한 예로 인증 강도가 다른 방식에 비해 낮아 취약점이 나타난다.

◢ 소유기반 인증 기술

인증 토큰을 이용하는 방식이다.

토큰 관련 인증 시스템 구축이 어렵다는 단점이 있다.

하드웨어 방식의 단말기로는 'OTP'를 예를 들 수 있다.

소프트웨어 방식으로는 '공인인증서'가 있다.

◢ 생체기반 인증 기술

사용자 고유의 신체 구조를 이용하거나 행동했을 때의 결과를 기반으로 인증한다.

얼굴 인식, 홍채 인식, 지문 인식, 심박도, 심전도 인식 등 다양하다.

생체 인증 기술은 별도의 토큰이나 알고 있어야 할 정보가 없어 편리성이 높고 사용자 고유의 신체이기 때문에 보안성이 높다.

그러나 시스템 구축과 관리가 어렵다는 단점이 있다.

2015년도 애플과 구글이 자사 스마트폰에 지문 인식 기술을 적용하기 시작했다.

마이크로소프는 음성 인식 '코타나', 지문 인식 용 '윈도헬로' 등을 윈도우10에 적용했다.

삼성전자는 갤럭시 S6에 지문 인식 기술을 탑재하여 삼성페이 서비스를 제공하고 있다.

> "글로벌 시장조사 기관인 트랙티카(Tractica)에 따르면, 전 세계 생체 인식 시장은 2015년 20억 달러에서 25.3%의 연평균 성장률을 보여 2024년 149억 달러에 이를 것으로 전망하고 있다.
> 헬스케어, 정부 민원 분야에서 지문, 홍채, 음성 인식이 큰 매출이 기대된다.
> 핀테크, 헬스케어 등의 분야에서 모바일 생체 인식 기술을 적용한 스마트 모바일 디바이스는 2020년 48억 대에 이를 것으로 전망된다."
>
> [인터넷백서 2017, p539 요약]

▧ FIDO 기반 인증 기술

FIDO 연합은 온라인 보안 인증 관련 기업들의 연합체로서 온라인 환경에서 보다 안전하고 편리한 인증시스템을 공통으로 구축하고 공통 시스템 표준을 개발하는 것을 목적으로 하고 있다.

구글, Paypal, Visa, Master 카드, 등 30 여 개의 기업들이 참여하여 USIM 기반 인증, 지문, 음성 인식 등 간편하면서도 보안 강도가 높은 방식을 선호한다.

FIDO 기술은 삼성페이, KEB하나은행, 신한은행 등의 결제에서 사용되고 있다.

2. 주민번호 대체 수단 인증

인터넷 사용 사용시간이 길어지면서 개인 정보 유출 건수가 증가하고 주민번호가 유출되더라도 주민번호를 바꿀 수 없는 문제점이 대두되었고 2012년도에 "개인정보보호법"이 개정된 후 인증시 주민번호 사용을 제한하면서 주민번호 대체 수단이 필요하게 되었다.

▧ 아이핀(i-PIN)

아이핀은 발급기관 홈페이지, 동주민센터를 방문하여 발급 받을 수 있다.

아이핀은 발급 시 설정한 아이디, 패스워드와 2차 인증 방식을 이용한다.

2차 인증방식으로는 OTP, 지문 인증, 목소리 인증 등을 사용한다.

2016년부터 ID/PW를 기억하기 어려운 문제로 '간편인증방식'을 추가해 QR 스캔을 통해 모바일 앱 인증만으로 아이핀을 사용할 수 있다.

◢ 휴대폰

대부분의 국민이 휴대폰을 보유하고 있다는 보편성에 기반을 두고 있다.

본인 명의 휴대폰을 통해 수신한 SMS 인증 번호를 인증창에 입력하여 인증 받은 방식이다.

이 또한 2016년에 '간편인증방식'을 도입해 모바일 앱, 지문 인증, 목소리 인증 등 편의성을 강화했다.

◢ 공인인증서

공인인증서는 인터넷상의 전자 거래 등에 활용되고 있는 사이버 인증서로 공인인증기관을 통해 발급받으며, 발급 시 USB, 외장하드 등 저장매체에 저장하고 인증서 패스워드를 설정할 수 있다. 이용자는 공인인증서(저장매체)와 인증서 패스워드를 입력하여 본인확인을 할 수 있다.

◢ 마이핀(My-PIN)

마이핀은 오프라인에서 주민번호 없이 본인확인을 할 수 있는 수단이다.

마이핀은 i-PIN 발급 시 함께 생성하거나 'i-PIN 관리' 메뉴를 통해 생성할 수 있는 13자리 번호이다. 이용자는 오프라인에서 본인확인이 필요한 경우에 이름, 마이핀 번호를 제시하여 주민번호 없이 본인 확인을 할 수 있다.

3. 공인전자문서

전자문서란 전자적으로 작성되고 송수신, 저장되는 정보로 워드프로세서, 엑셀 등으로 작성된다.

종이 문서에 비해 대량 정보 저장이 가능하지만 위 변조에 취약하다는 단점이 있다.

전자문서의 안전성과 신뢰성을 높이기 위해 정부의 지정을 받은 공인전자문서센터가 전자문서를 안전하게 보관한다.

▎전자문서의 장점

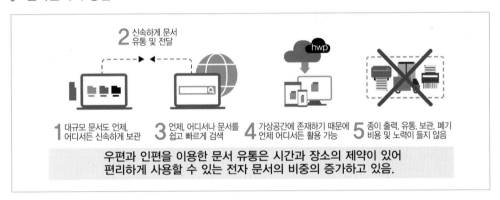

[한국인터넷진흥원, 2015]

◪ 공인전자문서센터

타인을 위하여 전자문서를 보관하는 '신뢰할 수 있는 제3의 기관이다

또한 안전한 보관을 위하여 특정 센터 사업자가 취소되거나 폐업을 할 경우 다른 센터로 문서를 이관하여 보관한다.

주요 보관 문서로는 각종 증명서, 금융 관련 전자문서 등이 있고 전자문서의 보관량은 매년 꾸준히 증가하고 있다

◪ 공인전자주소

공인전자주소는 전자문서를 송신하거나 수신하는 자를 식별하기 위한 문자, 숫자 등으로 구성되는 주소이다.

공인전자주소는 한국인터넷진흥원이 등록 및 심사 관리를 하고 있다.

공인전자주소는 신청인이 자유롭게 선택할 수 있다.

공인전자주소를 이용하여 송수신되는 전자문서는 비대칭 키 방식의 암호화 알고리즘으로 암호화되어 송수신자 외에 문서의 내용을 볼 수 없다.

전자문서의 유통 및 열람 사실을 확인하도록 한국인터넷진흥원에서 유통증명서를 발급받을 수 있다.

공인전자주소를 이용히면 광고나 스팸 메일에서 자유로울 수 있다.

- **공인전자주소 형식의 예**
  '홍길순.정보통신혁신과#과학기술정보통신부.국가',
  '홍길동#골드마인.법인',
  '청과류#삼삼슈퍼마켓.사업'

- **공인전자주소 활용 예**
  가족관계증명서
  교통범칙금
  예비군훈련 소집 통지서

4. 무선 통신 기술

1) 무선통신망의 종류

무선 통신은 고체가 아닌 매체나 매체가 전혀 존재하지 않은 공간에서 신호를 전달하는 통신방식으로 주로 전파, 마이크로파, 적외선, 가시광선, 자외선, 초음파를 통신매체로 사용한다.

무선 통신의 종류로는 커버리지의 거리를 기준으로 WPAN(개인영역 무선통신망),

WLAN(근거리 무선통신망), WWAN(무선광역통신망, Wireless Wide Area Network) 등으로 나뉜다.

◤ WPAN(개인영역 무선통신망, Wireless Personal Area Network)

커버리지가 수 미터 수준 내에서 무선으로 통신한다.

개인영역 무선통신망에서 사용되는 기술로는 블루투스(Bluetooth), Wireless USB, Zigbee 등이 있다.

◤ WLAN(근거리 무선통신망, Wireless Local Area Network)

커버리지가 수 십에서 수 백 미터 수준 내에서 이뤄지는 무선통신이다.

무선접속장치(AP: Access Point)가 설치된 곳(일명 핫스팟)의 일정 거리 안에서 통신할 수 있다.

근거리 무선통신망에서 사용되는 기술로는 Wi-Fi(Wireless Fidelity)가 대표적이다.

◤ WWAN(무선광역통신망, Wireless Wide Area Network)

커버리지가 수 킬로 미터까지 확대되는 무선통신망이다.

대표적인 무선 광역통신망으로 LTE(Long Term Evolution) 서비스가 있다.

2012년에 LTE 전국망이 구축되면서 LTE 서비스 가입자가 급증하였다.

2) 블루투스

◤ 블루투스란

휴대폰, 노트북, 이어폰, 헤드폰 등의 휴대기기나 마우스, 키보드 등의 PC주변기기를 서로 연결해 정보를 교환하는 근거리 무선 기술 표준이다.

◤ 블루투스의 유래

블루투스라는 명칭은 10세기 덴마크와 노르웨이를 통일한 바이킹 헤럴드 블루투스 (Harald Bluetooth; 910~985)의 이름에서 따왔다. 헤럴드는 블루베리를 즐겨 먹어

치아가 항상 푸른빛을 띠고 있어 '푸른 이빨'로 불렸다고 한다. 헤럴드 블루투스가 스칸디나비아 반도를 통일한 것처럼 PC와 휴대폰 및 각종 디지털기기 등을 하나의 무선통신 규격으로 통일한다는 상징적 의미가 담겨 있다. 처음에는 프로젝트명으로 사용했으나 브랜드 이름으로 발전했다.(두산백과)

■ 블루투스의 발전

- **블루투스 1.0**

  1.0은 721Kbps 속도로 눈에 보이는 정도의 근거리 기기끼리 유선을 사용하지 않고 간단한 음성신호, 키보드나 마우스 등 입력 신호를 전달하는 정도의 용도로 사용되었다.

- **블루투스 2.0**

  블루투스의 영역은 휴대폰과 핸즈프리로 이어지면서 전송률이 중요한 문제로 떠올랐다.

- **블루투스 3.0**

  블루투스 속도는 24Mbps까지 발전했고 1초 내로 기기 간 접속이 이루어졌지만 빠른 만큼 전력소비가 많다.

- **블루투스 4.0**

  블루투스의 용도가 주로 PC 주변기기나 모바일기기의 액세서리이므로 전송률의 빠름보다는 24Mbps 전송 속도를 유지하면서도 저전력을 더 필요로 했다.

- **블루투스 5**

  블루투스 5는 사물인터넷 디바이스를 위해 저전력 모드로 개발되었다.

  먼 거리는 적은 데이터로 전송하고, 짧은 거리에서는 2배의 데이터를 전송하는 방식으로 사물인터넷 디바이스를 더 유용하고 쉽게 연결할 수 있도록 했다.

◢ 블루투스의 침해 사고

• **블루재킹(bluejacking)**

블루투스 스마트폰에 침입하여 이메일처럼 메시지를 보내 프로그램이나 데이터를 파괴하는 스마트폰바이러스의 일종이다.

• **블루스나핑(bluesnarfing)**

블루투스를 이용해 모바일 기기에 저장된 일정표, 전화번호, 이메일, 문자메시지 등에 접근하여 사용자가 알지 못하게 전화번호나 일정표를 변경한다.

• **블루버깅(bluebugging)**

블루투스 휴대폰을 원격조종해서 휴대폰의 통화내용을 엿듣는 기법이다.

3) 근거리 무선통신(NFC, Near Field Communication)

◢ NFC 기술의 개요

NFC 기술은 13.57MHz 대역의 주파수를 사용하여 **10cm 이내의 매우 짧은 거리**에서 단말기 간 데이터를 전송하는 기술이다.

P2P(Peer to Peer) 기능으로 간단한 터치 동작(기계에 갖다 댐)으로 서로 다른 휴대폰끼리나 또는 다른 기기로 사진이나 음악, 동영상 파일 등을 전송할 수 있다.

◢ NFC 시범사업

2011년부터 2012년 2월까지 20 ~ 30 대 연령층이 자주 찾고 외국인의 왕래가 잦은 명동 지역의 커피숍, 편의점, 패스트푸드 등 약 200개 매장을 대상으로 다양한 NFC 응용 서비스를 적용하고 1차 시범사업을 운영하였다.

2018년 단말기 비용 지원 문제로 2차 시범 사업이 중단되었다. NFC 방식이 더 편하다고 해도 신용카드 결제방식에 큰 불편함을 느끼지 않고 있는 소비자들이 사용하지 않으면 카드사들은 막대한 비용을 낭비하게 되어 수익성 악화로 이어질 수 있다는 것이다.

◤ NFC와 블루투스와의 특징 비교

구 분	NFC	블루투스
전송방식	RFID 방식	RFID 방식
네트워크 유형	P2P	WPAN
주파수	13.56MHz	2.4 - 2.5GHz
설정시간	0.1초 내외	1초 내외

4) WiFi(와이파이)

와이파이 어원은 WiFi(Wireless Fidelity) 이다.

무선접속장치(AP: Access Point)가 설치된 곳의 일정 거리 안에서 초고속 인터넷을 할 수 있는 근거리통신망(LAN)이다.

전파나 적외선 전송 방식을 이용한다.

와이파이를 이용하려면, 단말에 연결하기 위한 하드웨어 무선 랜카드가 있어야 하며, 운영 체제에서 해당 무선랜카드를 인식할 수 있는 장치 드라이버가 설치되어야 한다. 스마트폰이나 노트북 등에는 기본적으로 탑재되어 있어 사용자는 별다른 설정 없이 와이파이를 사용할 수 있다.

* 일본의 경우 도시락 와이파이가 아주 유용하다. 일본의 초고속 인터넷 사용 배경을 보면 유선보다 무선 접속 이용률이 거의 세계적 수준이기 때문이다.

학습정리

1. 인터넷 인증 기술 종류

   • 지식기반인증

   • 생체기반인증

   • 소유기반인증

   • FIDO 기반인증

2. 개인 무선통신 기술

   • 블루투스 – WPAN 네트워크 사용

   • NFC – P2P 네트워크 사용

   • WiFi – AP가 설치된 곳으로부터의 일정 거리안에서 사용하는 무선통신
     　　　무선 랜카드 필요

3. 공인전자주소 활용 예

   • 가족관계증명서

   • 교통범칙금

   • 예비군훈련 소집 통지서

학습평가

1. 다음은 인터넷 인증 기술의 종류에 대한 설명이다. 인터넷 인증 기술의 종류가 다른 하나는 무엇인가?

   ① 사용자와 서버가 미리 설정하고 공유한 비밀 정보를 기반으로 사용자를 인증하는 방식이다.

   ② 패스워드 인증 방식이 그 한 예이다.

   ③ 별도의 하드웨어가 필요없어 비용이 적게 든다.

   ④ 소프트웨어 방식으로는 '공인인증서'가 있다.

2. 다음은 생체기반 인증 기술에 대한 설명이다. 설명이 바르지 않은 것은 무엇인가?

   ① 얼굴 인식, 홍채 인식, 지문 인식, 심박도, 심전도 등을 이용한다.

   ② 사용자 고유의 신체이기 때문에 보안성이 높다.

   ③ 시스템 구축과 관리가 쉽다.

   ④ 별도의 토큰이나 알고 있어야 할 정보가 없어 편리성이 높다.

3. 온라인 환경에서 삼성페이, KEB하나은행, 신한은행 등이 결제에서 사용하고 있는 인증 기술로 온라인 보안 인증 관련 기업들의 연합체에서 개발한 이 인증기술은 무엇인가?

4. 다음 중 주민번호 대체 수단 인증으로 사용할 수 없는 것은 무엇인가?

   ① 아이핀(i-PIN)

   ② 마이핀(My-PIN)

   ③ 공인인증서

   ④ 공인전자문서

5. 다음 무선통신 기술중에서 커버리지가 가장 넓은 것에 해당 하는 것은 무엇인가?

① LTE(Long Term Evolution)

② Wi-Fi(Wireless Fidelity)

③ 블루투스(Bluetooth)

④ NFC

6. 블루투스를 이용해 타인의 휴대폰을 원격 조정해서 타인 휴대폰의 통화 내용을 엿듣는 침해 사고를 무엇이라 하나

7. 근거리 무선 통신 기술로 블루투스와 NFC를 들 수 있다. 그 두 방식의 공통점이라 할 수 있는 것은 무엇인가?

① 주파수

② 설정시간

③ P2P 네트워크 유형

④ RFID 전송방식

정답

1. ④　2. ③　3. FIDO 기반 인증 기술　4. ④　5. ①　6. 블루버깅(bluebugging)　7. ④

클라우드와
네이버 웹 오피스 활용

학습목표

- 미래 인터넷 기술인 클라우드 컴퓨팅에 대해 살펴본다.
- 다양한 클라우드 컴퓨팅 서비스 종류에 대해 학습할 수 있다.
- 네이버 웹오피스를 활용하여 오피스 문서를 작성해 볼 수 있다.

1. 클라우드 컴퓨팅

1) 클라우드 컴퓨팅의 개요

클라우드 서비스는 서버, 스토리지, 애플리케이션, 소프트웨어 등의 포괄적 IT 자원을 인터넷을 통해 이용자가 언제, 어디서나 **온디맨드(ON-Demand)**로 아웃 소싱하는 서비스라 할 수 있다.

국내에서는 클라우드 컴퓨팅, 클라우드 서비스 또는 클라우드 컴퓨팅 서비스등 다양한 용어로 혼용되어 사용되고 있으나 이 서비스의 목적은 모두 인터넷 **기반(cloud)의 컴퓨팅** 기술이다.

클라우드 서비스 사용자들은 인터넷 기술에 대한 전문 지식이 없어도 인터넷 관련 서비스를 **쉽고 편리하게 이용**할 수 있다.

IT 자원의 활용 방식이 기존의 "소유" 방식에서 "임대"로 변화하고 있다.

클라우드 컴퓨팅을 사용하면 정보 입출력을 위한 키보드, 모니터 등 최소한의 인터페이스만 남기고 CPU, 스토리지, 응용프로그램 등은 모두 클라우드에 둘 수 있어 사용자의 구매, 운영 및 유지보수에 대한 걱정이 없다.

2) 클라우드 컴퓨팅 서비스 종류

(1) OneDrive

원드라이브는 마이크로소프트사의 클라우드 서비스이다.

컴퓨터, 태블릿, 스마트폰 등 어떤 디바이스에서도 원드라이브에 저장한 파일에 엑세스할 수 있다.

인터넷이 연결되지 않아도 오프라인으로 파일에 엑세스할 수 있다.

여러 사람과 그룹 작업을 할 때 파일을 보내지 않고 이메일이나 인스턴트 메시지, 또는 페이스북에 링크를 공유만 시켜주고 함께 작업(Collaborate) 할 수 있다.

영수증이나 사진, 명함, 화이트보드 등을 스마트폰의 원클릭으로 스캔할 수 있다.

Office365를 이용하여 언제 어디서나 오피스 문서(엑셀, 파워포인트, 워드)를 작성 및 저장할 수 있다.

(2) Google Drive(구글 드라이브)

• 구글에서 제공하는 웹기반 문서저작도구 겸 저장공간이다.

• 컴퓨터에 프로그램이 설치되어 있지 않아도 브라우저에서 HD 동영상, Adobe Illustrator, Photoshop 등 30여 종의 파일을 열 수 있다는 장점이 있다.

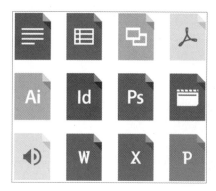

[google.com]

(3) iCloud(아이클라우드)

애플에서 제공하는 클라우드 컴퓨팅 서비스로 2011년 정식 서비스를 시작했다.

아이클라우드를 통해 맥과 iOS 기기들 간의 연동을 통해 파일 관리가 편리해졌다.

이러한 기기 간 연동을 통해 가령, 아이폰에 전화가 오면 로그인되어 있는 기기들(맥북, 폰, 아이패드)에서 동시에 벨이 울리고 그중 한 군데서 전화를 받을 수 있다.

애플 기기끼리는 **핸드오프(Handoff)** 기능이 있어 스마트폰으로 웹페이지 검색 중 맥북으로 검색을 계속 할 경우 맥북에서 다시 웹페이지를 열지 않고 이어서 볼 수 있다.

아이클라우드를 이용한 **인스턴트핫스팟(Instant Hotspot)** 기능으로 맥에서 와이파이를 검색하면 바로 내 아이폰이 목록에 나와 바로 테더링을 할 수 있다.

애플기기 간에는 **유니버셜 클립보드(Universal Clipboard)** 기능이 있어 아이폰에서 복사하고 맥북에서 붙여넣기가 가능하다.

아래 이미지는 Mac, iPad, iPhone, Watch, Music 등이 하나로 서비스로 연동되어 자료의 기기 간 이동이 필요 없도록 하고 있다.

(4) 네이버 클라우드

• 네이버에서 제공하는 클라우드 컴퓨팅 서비스이다.

• 자동 동기화 기능을 이용해서 PC에서 지정한 폴더를 N드라이브와 동일하게 유지할 수 있고 최대 3대의 PC에서 동시에 자동동기화가 실행된다. 회사 팀단위 작업이나 학교에서의 팀프로젝트 등을 할 때 공유폴더를 지정해서 실시간 동시 공유가 가능하다.

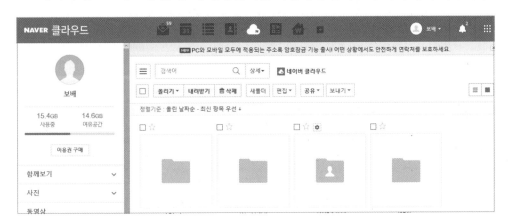

2. 네이버 웹오피스 활용

1) 웹오피스의 개요

웹 오피스는 내 PC에 오피스(문서 저작 도구)를 설치하지 않고 인터넷에 접속해서 문서를 편집하는 것을 말한다.

웹오피스에서 문서를 편집한 후에는 구글은 구글드라이브, 네이버는 N드라이브, 마이크로소프트는 원드라이드 등 각각 자체 클라우드 스토리지를 기본 저장소로 사용할 수 있다.

• 웹오피스의 단점

인터넷 연결이 끊겼을 때 문서의 일시적 저장이나 동기화 등이 안 될 수 있다.

2) 네이버 워드

(1) 네이버 워드 새문서 열기

네이버에서 로그인을 한 후 http://office.naver.com/에 접속한다.

네이버 워드에는 .ndoc 외에 외부 포맷인 .doc, .docx,, .txt, pdf 파일 포맷을 읽고 편집하며 다시 해당 포맷으로도 저장할 수 있다.

네이버 워드에서는 이러한 다른 외부 포맷들을 네이버 워드 포맷(.ndoc)으로 변환한 후 편집을 한다. 이때 글꼴이나 단락 간격 등이 완벽하게 호환되지 않을 수 있다.

오피스홈에서 좌측 메뉴 상단의 '새문서' 클릭 후 '네이버 워드'를 선택한다.

이미 만들어진 템플릿을 사용할 수도 있다

(2) 네이버 워드 문서 저장하기

네이버 워드 문서는 .ndoc 형태로 저장된다.

네이버 워드 문서를 다른 형식으로 변환하여 N드라이브나 내PC에 저장할 수 있다.

즉, 네이버 워드 문서(.ndoc)는 '파일' 메뉴의 '다른 이름으로의 저장'을 통해 MS Word(.doc), PDF(.pdf), 텍스트(.txt), HTML, Open Office 형식(.odt)으로 변환 저장이 가능하다.

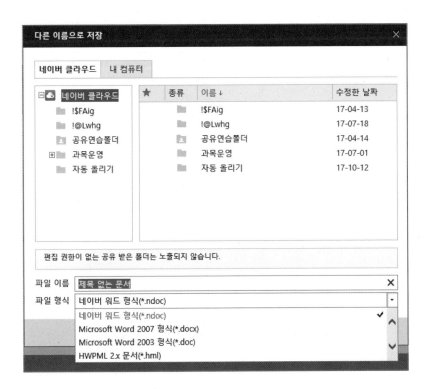

(3) 네이버 워드 문서 편집

◢ 글꼴/단락

네이버 워드에서는 다른 외부 포맷들을 네이버 워드 포맷(.ndoc)으로 변환한 후 편집을 하므로 글꼴이나 단락 간격 등이 완벽하게 호환되지 않을 수 있다.

■ 삽입

- 이미지 삽입 시 동영상, 클립아트, 링크 외에도 '캡쳐 이미지 삽입'이 있어 캡쳐하고 바로 문서에 삽입되는 특징이 있다.

- 네이버 지도에 표식을 달고 문서에 첨부할 수 있다.
  [삽입] – [지도]를 클릭한다

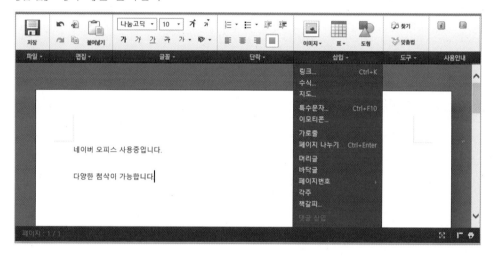

- 장소를 검색한 후 말풍선 텍스트를 입력할 수 있다

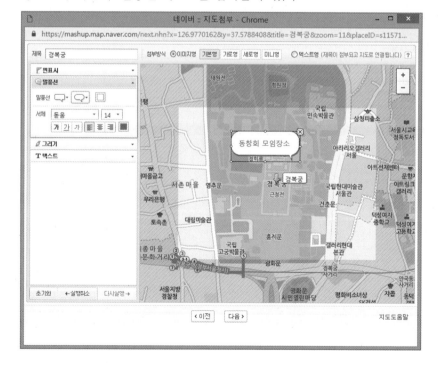

• 검색한 지도가 입력한 텍스트와 함께 문서에 삽입되었다

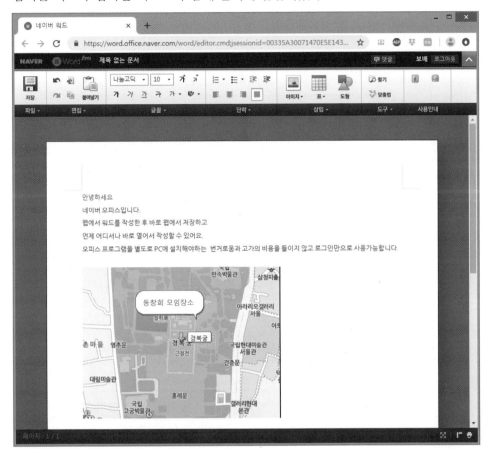

3) 네이버 슬라이드

(1) 네이버 슬라이드 새문서 열기

네이버에서 로그인을 한 후 [더보기] - [오피스]로 가거나 http://office.naver.com/
에 접속한다.

오피스홈에서 좌측 메뉴 상단의 '새문서' 클릭 후 '네이버 슬라이드'를 선택하거나 우측
에서 슬라이드를 선택한 후 사용하고 싶은 템플릿을 선택한다.

기존 ppt, pptx 파일은 웹오피스(.nppt) 파일로 변환하여 열고 변환전의 원본 파일은
그대로 보존된다.

(2) 네이버 슬라이드 문서 편집하기

❶ 다양한 형태의 레이아웃별로 슬라이드를 삽입할 수 있다.

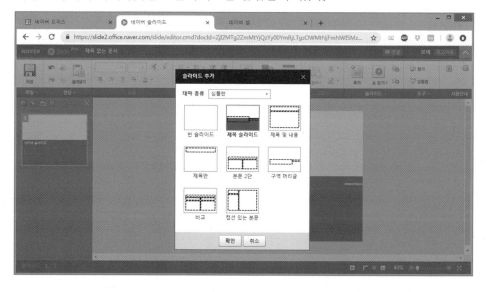

❷ 테마설정이 가능하다.

❸ 네이버 워드보다 훨씬 많은 도형 삽입이 가능하다.

❹ .nppt 외에 ppt, pptx 또는 pdf로 변환하여 저장할 수 있다.

❺ 애니메이션과 화면전환효과를 설정할 수 있고 슬라이드쇼도 가능하다.

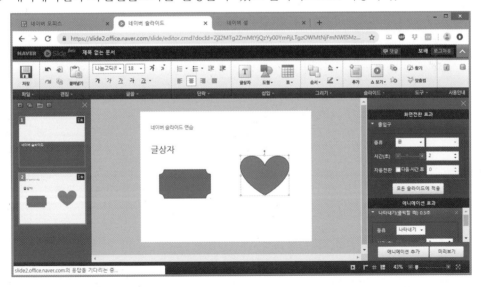

• 네이버 슬라이드에서 지원되지 않은 작업

차트, 워드아트, 스마트아트, 마스터 보기 및 편집 기능 등을 삽입하는 기능은 없다.

4) 네이버 셀 활용하기

(1) 네이버 셀 열기

엑셀의 .xls, .xlsx 등의 파일을 열고 '네이버 셀' 포맷인 .nxls 파일로 변환하여 편집한다.

편집한 후 .xls .xlsx .nxls 등의 파일 포맷으로 저장 할 수 있다.

네이버에서 로그인을 한 후 [더보기] - [오피스]로 가거나 http://office.naver.com/ 에 접속한다.

오피스홈에서 좌측 메뉴 상단의 '새문서' 클릭 후 '네이버 셀'을 선택하거나 우측에서 셀을 선택하고 사용하고 싶은 템플릿을 선택한다.

(2) 네이버 셀 문서 편집하기

숫자를 통화기호, 백분율, 소수점표시, 천 단위 구분기호, 등의 표시 형식으로 바꿀 수 있다.

다양한 함수들을 이용하여 대량의 데이터를 계산할 수 있다.

자동합계, 최대값, 최소값, 숫자 개수, 평균 함수 외….

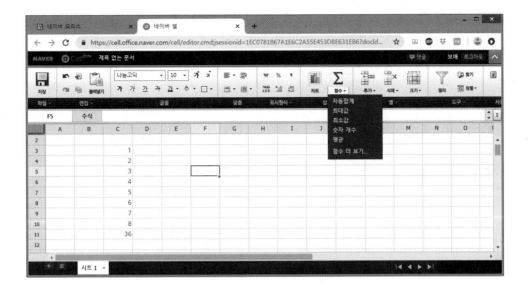

캡처한 이미지 외 지도도 삽입할 수 있다.

정렬 및 필터 기능을 사용하여 데이터를 검색할 수 있다.

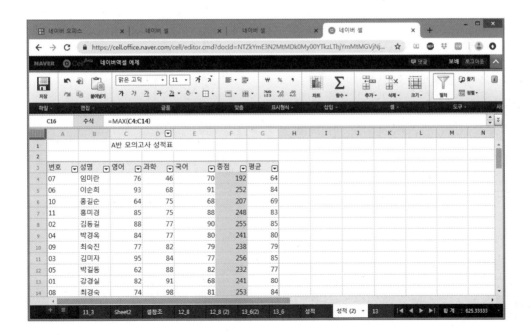

차트를 삽입할 수 있다. 차트를 그리고자 하는 표 영역을 드래그해서 선택한 후 [차트]를 선택한다.

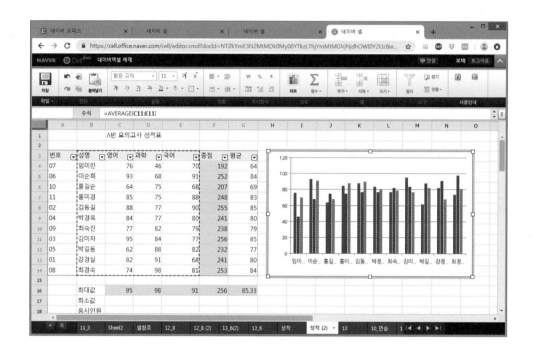

저장을 하면 .nxls 네이버 셀 포맷으로 저장되며 '다른 형식으로 저장'을 이용하여 .xlsx 포맷으로 변환하여 저장할 수 있다.

마이크로소프트 엑셀에 있는 피벗테이블, 부분합 등의 기능은 없다.

5) 네이버 폼 활용하기

네이버 폼은 사람들의 의견을 빠르게 수렴하고자 할 때 주로 사용한다.

모바일에 최적화되어 모바일로 쉽게 응답 받고 모바일에서도 편집이 가능하다.

설문조사, 이벤트 등에 활용할 수 있다.

(1) 설문조사 폼 만들기

[폼] 에서 원하는 설문조사 탬플릿을 선택한다.

'단일 선택형 설문' 탬플릿을 선택한다.

[설문 미리보기]

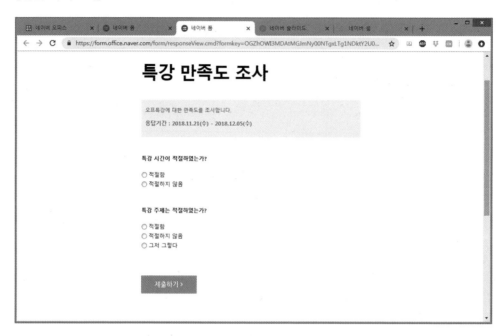

[설정] – [응답설정]에서 응답 관련 옵션을 편집할 수 있다.

응답기간, 응답 결과 공개여부, 안내메시지 등의 응답 설정을 할 수 있다.

(2) 폼 보내기

폼 URL을 카카오톡, 밴드, 블로그, 페이스북 등으로 공유할 수 있다.

이메일로 보내거나 웹페이지에 삽입하는 방법도 있다.

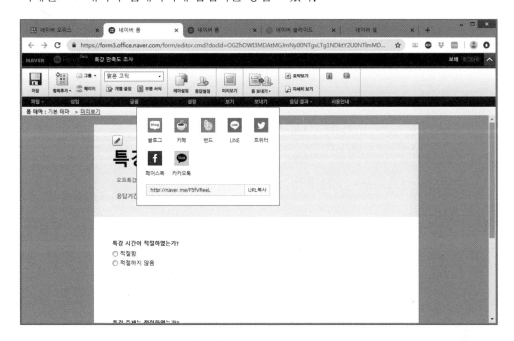

(3) 응답 결과 확인하기

[응답 결과]에서[요약보기] 또는 [자세히보기]에서 엑셀 표 방식으로 설문 결과를 확인할 수 있다.

응답결과를 셀(엑셀)에서 다시 재편집할 수 있다.

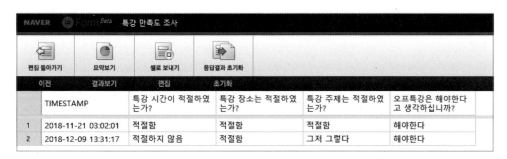

	TIMESTAMP	특강 시간이 적절하였는가?	특강 장소는 적절하였는가?	특강 주제는 적절하였는가?	오프특강은 해야한다고 생각하십니까?
1	2018-11-21 03:02:01	적절함	적절함	적절함	해야한다
2	2018-12-09 13:31:17	적절하지 않음	적절함	그저 그렇다	해야한다

• 단점

설문에 응하는 사람도 네이버 로그인을 해야 한다는 제약이 있다.

학습정리

클라우드 서비스는 서버, 스토리지, 애플리케이션, 소프트웨어 등의 포괄적 IT 자원을 인터넷을 통해 이용자가 언제, 어디서나 **온디맨드(ON-Demand)**로 아웃 소싱하는 서비스

1. 원드라이브

Office365를 이용하여 언제 어디서나 오피스 문서(엑셀, 파워포인트, 워드)를 작성 및 저장할 수 있다

2. 구글드라이브

HD 동영상, Adobe Illustrator, Photoshop, pdf 등 30여 종의 파일을 열 수 있다

3. N드라이브

PC에서 지정한 폴더를 N드라이브와 동일하게 유지할 수 있고 최대 3대의 PC에서 동시에 자동동기화가 실행된다

4. 아이클라우드

애플 기기 간 연동이 잘됨. 핸드오프, 인스턴트핫스팟, 유니버설클립보드 등의 기능이 있다

학습평가

1. 다음 중 클라우드 컴퓨팅 서비스의 특징을 나타내는 용어가 아닌 것은 무엇인가?

   ① 온디맨드(ON–Demand) 서비스

   ② 인터넷 기반 (cloud)의 컴퓨팅 기술

   ③ '소유'

   ④ 쉽고 편리함

2. 마이크로소프트사의 클라우드 서비스로서 office365를 이용하여 언제 어디서나 엑셀, 파워포인트, 워드 문서를 작성하고 저장할 수 있도록 하는 이 서비스는 무엇인가?

3. 클라우드 서비스 중에서 특별히 Adobe Illustrator, Photoshop 등의 파일을 볼 수 있는 장점이 있는 클라우드 서비스는 무엇인가?

4. 인스턴트 핫스팟(Instant Hotspot), 유니버설 클립보드(Universal Clipboard), 핸드오프(Handoff) 기능 등이 있어 여러 종류의 디바이스를 동시에 사용할 수 있는 클라우드 서비스는 무엇인가?

5. 네이버에 로그인한 후 네이버 워드를 사용하고자 한다. 설명이 틀린 것은 무엇인가?

   ① doc, .docx, .txt, pdf 파일 포맷을 읽을 수 있다.

   ② doc, .docx, .txt, pdf 파일 포맷으로 다시 저장할 수 있다.

   ③ 네이버 워드에서 편집할 때는 .ndoc 포맷 상태로 편집한다.

   ④ 네이버 워드에서는 템플릿을 제공하지 않아 새문서로 작성한다.

6. 네이버 슬라이드에서 사용할 수 있는 기능이 아닌 것은 무엇인가?

    ① 다양한 테마 설정

    ② 다양한 레이아웃 설정

    ③ 스마트 아트 삽입

    ④ 슬라이드쇼 보기

7. 네이버 오피스에서 설문조사 기능이 있는 네이버폼을 사용하고자 한다. 네이버 폼 사용 방법이 잘못 된 것은 무엇인가?

    ① 모바일에 최적화 되어 있다.

    ② 응답 결과를 비공개로 할 수 있다.

    ③ 응답 결과를 워드 문서로 볼 수 있다.

    ④ 응답 결과를 엑셀에서 다시 재편집 할 수 있다.

정답

1. ③   2. OneDrive   3. 구글 드라이브   4. iCloud(아이클라우드)   5. ④   6. ③   7. ③

사물인터넷과
미래 인터넷 기술

학습목표

- 사물인터넷의 현황 및 사례에 대해 학습할 수 있다.
- 사이버 금융 결제 수단에 대해 이해할 수 있다.
- 분산 결제 시스템인 블록체인에 대해 학습할 수 있다.

1. 사물 인터넷(Internet of Things, IoT)

1) 사물인터넷의 개요

사물인터넷이란 사람과 사람 주변 사물들이 네트워크로 연결되어 정보를 주고 받는 인터넷 환경을 의미한다.

사물인티넷은 4차 산업혁명 시대에 메인 기워드로 자리 매김할 정도로 큰 이슈가 되었고 향후 초연결사회(인터넷 백서 인용)를 이끌어갈 중추 기술로 자리 잡고 있다.

사물인터넷이 점점 우리의 실생활과 밀접해지는 이유는 크게 두 가지, 연결 디바이스의 증가와 센서 단가의 하락을 들 수 있다.

▍인터넷 연결 디바이스 증가 추이   ▍센서 단가 하락 추이

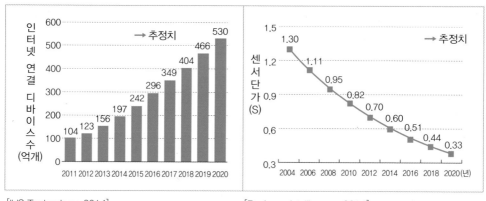

[IHS Technology, 2014]   [Business Intelligence, 2014]

2) IoT 개발 동향

우리나라는 2009년 '사물지능통신 기반 구축 기본계획'을 발표하고 사물지능통신 핵심 기술 개발, 국내외 표준화 추진, 법 제도 개정 등을 추진했다.

2014년에는 '사물 인터넷 기본계획'을 수립하고 세계 최고의 스마트 안심국가 실현을 위한 사물인터넷 R&D 계획을 세운 이후 총 2500억 원의 예산을 책정하였다.

한국인터넷진흥원 산하 'IoT 혁신센터'는 사물인터넷 생태계 구축과 활성화를 위하여 기업 간 파트너십 구축과 중소기업 해외 진출 지원 활동을 추진하고 있다.

◢ 정부의 서비스 기술 동향

정부의 대표적 사물인터넷 실증 사업으로는 개방형 홈 IoT기술개발 및 실증, 스마트그리드 보안 실증 및 지원, 중증질환자 에프터케어 기술개발 및 실증, 스마트 카톡 실증 환경 구축 등이 있다.

▍ IoT 주요 서비스 내용(재요약)

구분	목표	분야	서비스내용 및 기대효과
개인 IoT	사용자 중심의 편리하고 쾌적한 삶	자동차	자동차에 인터넷을 연결하여 안전한 운전환경 제공
		헬스케어	심장박동, 운동량 등 바이오 정보를 제공
		생활가전	주거환경 IoT 통합 제어를 통해 생활 편의 제고
산업 IoT	생산성·효율성 향상 및 신 부가가치 창출	공장	공정분석 및 시설물 모니터링으로 작업 효율 제고
		농업	생산·가공·유통 IoT 접목으로 생산성 향상 및 안전 유통체계
		상품	고부가 서비스 제품화
공공 IoT	살기 좋고 안전한 사회 실현	공공	CCTV, 노약자 GPS 등 실시간 정보제공으로 재난·재해 예방
		환경	대기질, 쓰레기 양 등 환경정보 제공으로 환경오염 최소화
		에너지	에너지 관련 IoT 정보 제공으로 에너지 관리 효율성 증대

[과학기술정보통신부, 사물인터넷 기본계획, 2014], 인터넷 백서 2017, p158, 재요약

2. 핀테크

1) 핀테크의 정의

핀테크(FinTech)는 Finance(금융)와 Technology(기술)의 합성어로 금융위원회는 핀테크에 대해 "IT기술 기반 금융 서비스"라고 표현하였다.

즉, 종래의 비효율적인 금융 산업의 효율성을 높이기 위하여 IT의 혁신적 기술과 서비스를 이용하여 금융서비스를 직접 제공하는 현상을 의미한다.

즉, 금융과 IT의 융합을 통한 금융 서비스 및 산업의 변화를 말한다.

* 바클레이즈 은행은 인터넷 뱅킹 사용 고객 200만 명을 유치하는데 13년이 걸렸는데 모바일 뱅킹에는 겨우 8개월이 걸렸다고 밝혔다[1].

2) 핀테크의 발전 배경

글로벌 금융 위기 - 비효율성, 보안위기, 까다로운 금융 절차

IT 기술의 IoT(사물인터넷)로의 혁신적 진화

스마트 모바일 기기의 급격한 보급

3) 결제 방식의 진화

핀테크의 대표적 사례로 금융서비스의 변화로는 모바일뱅킹과 앱카드를 들 수 있고 산업적인 변화로는 애플페이, 알리페이, 카카오페이, 네이버페이 등이 있다.

---

1) 한국인터넷진흥원, 인터넷백서, 2015

◢ 페이팔(Pay Pal)

전자상거래가 발달하면서 생긴 최초의 온라인 지급 결제방식이다.

페이팔은 에스크로(escrow) 서비스를 기본 개념으로 한 서비스이다.

구매자는 신용카드, 직불카드, 은행계좌, 페이팔 잔액 등 다양한 결제 방식을 사용할
수 있고, 주소나 16자리 카드번호, 유효기간, 등을 입력하지 않아도 된다.

페이팔미(PayPal.Me)라는 개인 대 개인 금융 거래 서비스도 시작하였다.

* 에스크로란 거래 당사자의 요청에 의해 판매대금을 가지고 있는 제3자를 말한다.
　즉, 온라인 구매시 상품을 구매자가 구매 의사를 밝히면 제3자(페이팔)가 대금을 받
　아 가지고 있다가 구매자가 상품을 수령하고 물품을 확인한 후 판매자가 대금을 받
　는 방식이다.

◢ 애플 페이(Apple Pay)

애플이 제공하는 모바일 결제 및 전자 지갑 서비스로 아이폰 6, 6 플러스 이상에서 결
제가 가능하다.

신용카드 정보를 폰에 먼저 저장해둔 후 스마트폰을 근접무선통신(NFC) 단말기에 대
기만 하면 결제할 수 있어 편리하다.

애플 페이를 결제하기 위해서는 별도의 결제 단말기를 마련해야 되기 때문에 미국에서
도 확산 속도는 빠르지는 않다.

◢ 삼성페이

삼성전자에서 제공하는 모바일 결제 서비스로, 기존의 앱카드가 사용하는 바코드 결제
방식이 아닌 근거리 무선 통신(NFC)과 마그네틱 보안 전송(MST, Magnetic Secure
Transmission) 방식을 지원하는 서비스이다.

삼성전자가 미국의 벤처기업 루프페이(LoopPay)의 특허 기술을 인수하였는데 이 기술
은 기존 마그네틱 결제 시스템을 자기장으로 구현하는 기술로 일반 카드 결제 단말기
에 스마트폰을 접촉하는 것으로 결제가 가능한 기술이다.

따라서 신용카드나 체크카드 정보를 스마트폰에 입력해, 신용카드를 긁는 대신 스마트폰을 마그네틱 신용카드 결제기 근처에 갖다 대면 기기 간 통신을 통해 결제가 이뤄진다.

2015년 8월 한국에서 정식 서비스 개시 후, 2015년 9월 미국, 2016년 3월 중국, 2016년 8월 러시아 등에서도 정식으로 서비스를 시작했다.

2015년 3월 초 CNN은 "애플 페이나 구글 월렛이 NFC 단말기가 별도로 있어야만 하는 것과는 달리 일반 마그네틱 결제기로 작동하는 것은 혁신"이라고 했다.

3. 블록체인

블록체인이란 데이터를 거래할 때 중앙집중형 서버에 기록을 보관하는 방식과는 달리 거래 참가자 모두에게 내용을 공개하는 방식의 분산원장기술(Distributed Ledger Technology, DLT)을 의미한다.

분산원장은 인터넷에서 서로 알지 못하는 다수의 상대방과 거래를 할 때 공인된 제3자 기관(Trusted Third Party, TTP)의 개입 없이 서로 신뢰할 수 있도록 만들어주는 탈 중앙화된 정보공유 저장기술(Decentralized Shared-information Storing Technology)이다[2].

블록체인을 구성하는 각 블록은 헤더(Header)와 바디(Body)로 구성되어 10분에 한 번씩 만들어지고 이러한 블록이 사슬처럼 엮여 있다고 해서 '블록체인'이라고 한다.

1) 유형

◩ 퍼블릭 블록체인

공개형으로 누구나 참여할 수 있다

대신 검증되지 않은 사용자가 참여하므로 고도화된 암호화 검증이 필요하고 속도가 느리다

---

2) 인터넷백서 2017, p44

◢ 프라이빗 블록체인

사용자가 원하는 대로 커스터마이징할 수 있어 금융 거래에 적합하다

처리 속도도 빠르고 네트워크 확장이 용이하다

소유자가 블록체인을 생성하고 관리하므로 소유자가 블록체인을 중앙시스템처럼 관리할 수 있다

◢ 컨소시엄 블록체인

퍼블릭 블록체인과 프라이빗 블록체인의 중간 형태로 반 중앙형 블록체인이라 할 수 있다.

미리 선정된 소수의 주체들만 참여가 가능하여 네트워크 확장도 용이하고 거래 속도도 빠르다.

2) 장점

네트워크 내의 모든 참여자가 거래 정보를 기록, 보관하는 분산형 방식으로 공인된 제3자 없이P2P 거래를 하므로 불필요한 수수료가 절감된다.

오픈소스로 쉽게 구축, 연결, 확장이 가능해 IT 구축비용이 절감된다.

장부를 공동으로 소유하므로 무결성을 유지하므로 보안 관련 비용을 절감할 수 있다.

일부의 시스템 오류가 전체 네트워크에 미치는 영향이 적다.

3) 단점

문제 발생시 책임 소재 불분명하다

거래 내역이 공개되어 완벽한 익명성 보장이 어렵다

개인키의 분실로 인한 기밀성이 제공되지 않는다

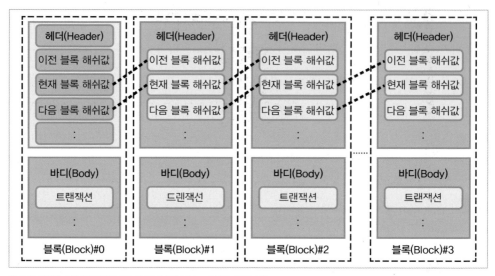

[금융보안원, 블록체인 및 비트코인 보안 기술, 2015, 재구성]

4) 블록체인의 패러다임

블록체인 1.0은 디지털 통화의 발행, 유통, 거래가 주 기능이었다.

블록체인 2.0은 블록체인 기반에서의 부동산 계약, 온라인 투표 등 다양한 애플리케이션을 개발하고 있다.

블록체인 기술은 해외에서도 새로운 형태의 혁신 가능성이 높아 정부 측면에서 전자시민권 발급, 부동산 정보 기록, 투표, 공공 데이터 등의 공공서비스에 블록체인 기술 도입을 적극 검토 중이다.

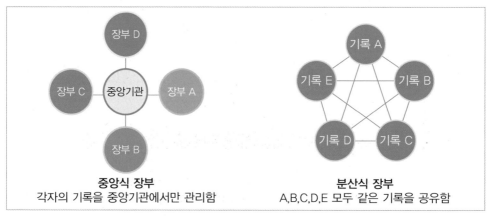

[인터넷백서, 2017] 재구성

4. 가상현실

가상현실은 현실과 상상의 경계에서 디바이스의 조작으로 사용자와 상호작용이 가능한 시스템이다.

가상현실(Virtual reality)은 컴퓨터 등 인공기술로 만들어 낸 실제와 유사하지만 실제가 아닌 환경, 상황 등을 의미한다.

대표적인 사용 예로는 비행훈련시뮬레이션을 들 수 있다.

최근 가상현실 산업이 급성장할 수 있었던 배경으로는 고해상도 디스플레이와 강력한 컴퓨팅 파워, 3D 센싱 등의 기술의 비약적 발전, 하드웨어 비용이 크게 낮아짐 등을 들 수 있다.

▌국내 VR 시장 규모 전망

(단위: 억원)

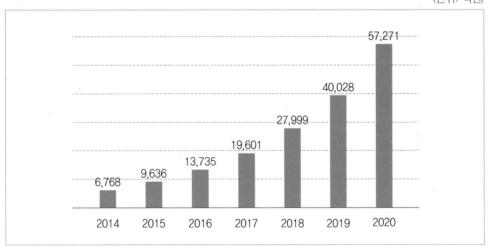

[과학기술정보통신부, 한국VR산업협1회, 2015]

이러한 가상현실은 방송, 게임, 테마파크 등의 산업에 활용되고 있다.

한국 VR산업협회는 국내 가상현실 시장의 규모가 2016년 1조 원 돌파를 시작으로 2020년에는 5조 7,000여억 원에 이를 것으로 기대하고 있다. (인터넷백서 2017, p181)

그러나 여전히 VR기기 가격, 보급 문제, 사용자의 구토, 어지러움 등에 따른 비관론도 존재한다. 때문에 시장 정착까지 5년에서 10년 가까이 걸릴 수도 있다는 전망도 나온다.
아래 이미지는 구글에서 VR 디바이스를 검색한 결과 이미지이다.

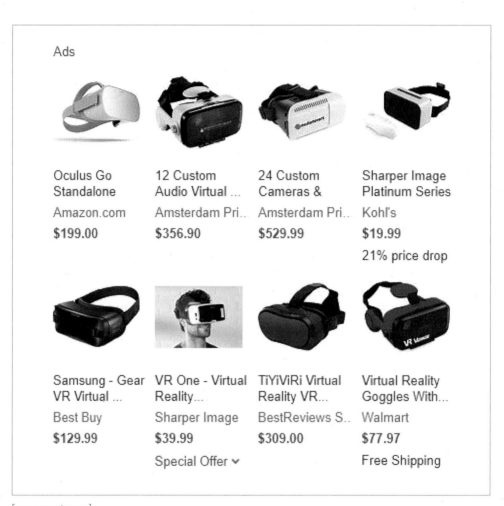

[www.google.com]

5. 인공지능(artificial intelligence)

얼마 전까지만 해도 인공지능은 공상과학 영화에서나 접할 수 있는 현실과 동떨어진 기술이었으나 2016년부터 인공지능이 실제 우리가 사용하는 생활 서비스에 들어오기 시작했는데 그 계기가 된 것이 '알파고와 이세돌9단의 대결'이라 볼 수 있다.

1) 인공지능 제품 동향

알파고 이후 인공지능 기술을 접목시킨 제품이 출시되기 시작했다.

인공신경망 기술이 반영된 자동 번역 기술

온라인 쇼핑몰에서 24시간 서비스되는 인공지능 챗봇

제목없이도 '해변가' 같은 특정 키워드로 사진을 분류해주는 서비스

아마존의 인공지능 스피커 '에코'

구글의 '구글홈'이라는 인공지능 스피커

SK텔레콤의 '누구(NUGU)', KT의 '기가지니', 카카오미니, 네이버 클로버 등 다양하다.

2) 인공지능 플랫폼

인공지능 스피커는 사용자와 인공지능 서비스의 매개체 역할을 하는 것으로 사용자의 명령을 인식하고 처리한 결과를 들려주는 역할을 한다.

반면 인공지능 플랫폼은 인공지능 스피커와는 다르게 사용자의 요구사항을 처리해주는 곳이다.

즉, 인공지능 플랫폼(AI Platform)은 '음성인식', '자연어 처리', '시각인식' 등의 인공지능 기술을 바탕으로 하는 클라우드컴퓨팅 플랫폼이다.

(1) 인공지능 플랫폼 동향

◢ 알렉사(Alexa)

라스베가스에서 열린 CES2017[3] (국제전자제품박람회)에서 아마존의 인공지능 기술 '알렉사'를 탑재한 제품들이 대거 쏟아졌다.

알렉사는 아마존이 만든 클라우드 기반 음성인식 기술로 외부 개발자들이 자신의 하드웨어나 서비스에 알렉사를 탑재할 수 있도록 알렉사키트를 제공하고 있다.

아마존은 자신들의 알렉사를 외부업체가 이용하는 대신 반드시 자신의 아마존 웹서비스와 서버리스 컴퓨팅 서비스인 람다(Lamda)를 이용하도록 하고 있다.

삼성전자, LG전자, 레노버, 월풀 등 글로벌 전자기업이 아마존의 '알렉사'를 탑재한 제품들 - 세탁기, 청소기, 조명, 공기청정기 - 을 출시했다.

LG전자는 구글 '어시스턴트'를 탑재한 이후 계속해서 '알렉사(Alexa)'를 연동해 '스마트씽큐'를 탄생시켰다.

LG전자는 'CES2019' 에서 LG전자에서 자체 개발한 AI 프로세서인 '알파9 2세대'를 탑재한 '8K 올레드 TV'를 선보였다. 이 TV는 공간의 밝기를 스스로 감지해 화면 밝기를 조절하고 2채널 음원도 가상의 5.1 채널사운드로 변환해준다.

---

3) https://www.ces.tech/

▎알렉사 플랫폼의 원리

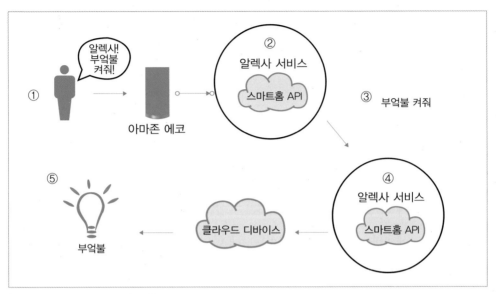

[developer, amazon.com, 재구성]

(2) 기타 인공지능 플랫폼의 예

- 구글 어시스턴트

  구글의 인공지능 비서인 '구글 어시스턴트'는 2016년에 '액션 온 구글'이라는 이름으로 API가 공개되었다.

- 마이크로소프트도 2016년 '코타나'를 개발했고 이를 탑재한 인공지능 스피커 '인보크'가 나왔다.

- 삼성전자는 2016년 인공지능 플랫폼 개발회사인 '비브 랩스'를 인수하고 갤럭시 S8에서 인공지능 음성 비서 빅스비를 출시했다.

3) 인공지능의 오픈소스화

알파고를 개발한 구글의 딥마인드는 딥마인드랩(DeepMine Lab)을 오픈소스로 공개했다.

페이스북은 딥러닝 소프트웨어 모듈과 딥러닝 연산에 최적화된 하드웨어의 설계도 공개했다.

마이크로소프트는 딥러닝 기반의 소스들을 모두 오픈소스로 공개했다.

아이비엠도 머신러닝 플랫폼 시스템ML을 오픈소스로 공개했고 넷플릭스(Netflix)의 영화 DB의 영화 추천 기능에 적용되었다.

오픈소스는 웹 2.0 시대의 큰 특징 중의 하나이다.

이러한 딥러닝 기술을 오픈함으로서 대기업부터 스타트업까지 누구라도 제약 없이 인공지능 서비스를 만들 수 있게 되었다.

이들이 앞 다투어 소스를 오픈하는 이유 중 하나는 인공지능을 구현하는데 딥러닝 기술보다 데이터가 더 중요하다는 것을 시사하고 있다. (인터넷백서 2017, p34)

수학에서 함수에 어떤 인수 값이 들어가느냐에 따라 그 함수의 결과 값이 달라지는 것과 같은 이치이다.

또한 오픈소스를 이용하면서 어쩔 수 없이 소스를 제공한 회사의 인프라를 사용하도록 하면서 부수적인 부가가치를 올릴 수 있다.

시장조사기관인 트랙티카의 자료에서 전세계 인공지능 시장 매출액을 참고해보면 앞으로 인공지능 시장의 규모를 짐작할 수 있다. 트랙티카는 세계 AI 사장 규모가 2016년 4,370만 달러에서 2015년에는 368억 달러로 증가할 것이라 예측했다.

┃ 전 세계 인공지능 시장 매출액(2016~2025)

(단위: 백만 달러)

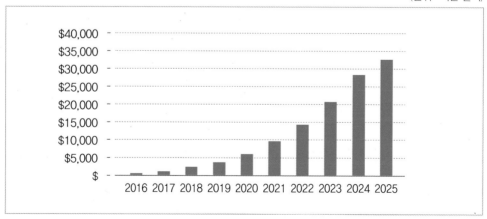

[Tractica, 인터넷백서 2017], p177

6. 빅데이터

1) 빅데이터의 개요

◢ 빅데이터란

디지털 시대에서 다양한 멀티미디어 콘텐츠 증가, SNS 서비스의 확산, 다양한 스마트 기기에 대한 이용 확대, 사물인터넷의 증가 등에 따라 새롭게 생성되고 유통되면서 기하급수적으로 생성되어 기존의 저장방식으로는 저장, 관리, 분석이 어려울 정도로 큰 규모의 데이터를 말한다.

◢ 빅데이터 환경

SNS를 이용하는 사람들이 급증하면서 매일 대규모의 소셜데이터가 생성되고 이 데이터에는 사용자의 자발적인 의지가 담긴 개인정보가 담겨 있어 활용가치가 크다

스마트폰과 태블릿PC의 빠른 확산으로 실시간으로 스마트기기 이용정보와 함께 개인의 위치정보까지 수집되면서 기업의 마케팅 분야에서 데이터의 활용도가 날로 증가하고 있다.

M2M(사물지능통신: Machine to Machine) 또는 NFC(근거리 무선통신) 등이 주변 건물에 설치되면서 이용자들이 직접 데이터를 생성하지 않아도 주변에 설치된 장비가 스스로 다량의 데이터를 지속적으로 생성한다.

2) 빅데이터의 특징

데이터 규모가 방대하다.

생성 주기가 짧다.

형태가 다양하다 – 수치 데이터뿐 아니라 문자와 영상데이터를 포함한다.

비정형의 데이터이다.

소프트웨어 측면에서 오픈 소스를 활용한 광범위한 데이터 분석[4]이 가능해졌다.

3) 빅데이터 국내 동향

세계 각국 정부와 산업계에서 빅데이터 분야에서 역량 강화를 위한 개발을 시작했다.

시장 분석 기관 IDC는 전 세계 빅데이터 시장이 지속적으로 증가해 2019년에 전 세계 빅데이터 시장 규모는 48억 달러로 예측했다.

국내 기업들도 빅데이터 시스템을 도입하기 시작하였고 빅데이터의 도입과 활용을 수행하기 위해서 적절한 전문 기술을 갖춘 빅데이터 전문 인력을 필요로 하기 시작했다.

▎직무별 빅데이터 전문인력 현황 및 전망(전체 산업)

구분	2016		2019		2016년 대비 2019년 필요인력 증가	
	인력 수	비중(%)	인력 수	비중(%)	인력 수	성장률(%)
빅데이터 개발자	2,703	29.0	5,841	37.0	3,138	116
빅데이터 엔지니어(하둡/NoSQL)	1,602	17.2	2,253	14.3	651	41
빅데이터 분석가	1,052	11.3	2,280	14.5	1,228	117
데이터 사이언티스트	1,662	17.8	2,218	14.1	556	33
빅데이터 컨설턴트	1,606	17.2	2,142	13.6	536	33
빅데이터 기획/마케터	696	7.5	1,038	6.6	342	49
Total	9,321	100.0	15,772	100.0	6,451	69

[한국정보화진흥원, 2016년 빅데이터 시장현황조사, 2016]

4) 빅데이터 활용사례

◢ 구글

빅데이터를 이용하여 검색창에서 발열, 기침 등의 검색 빈도로 독감 유행수준을 파악하는 '구글 독감 트렌드 서비스'를 제공했다.

구글이 클라우드 기반의 빅쿼리 서비스를 제공하고 기업들이 '빅쿼리'를 이용하여 별도의 인프라 투자 없이 클라우드 환경에서 빅데이터 분석업무 수행이 가능하도록 지원하고 있다.

---

4) 인터넷백서 2017, 에 따르면 빅데이터를 원유에 비유하고 있다. 빅데이터는 원유에 비견되는 소중한 자원이며 빅데이터를 어떻게 분석하고 활용하느냐에 따라 새로운 가치를 창출할 수 있다고 했다.

* 빅쿼리 – 빅쿼리는 1GB당 12센트 수준의 저렴한 월 요금으로 최대 2TB의 클라우드 데이터를 분석할 수 있다.

◢ 아마존

고객의 검색어와 도서 구입 패턴 분석을 통해 이전에 특정 도서를 구입한 사람이 어떤 관련 도서 등을 구입했는지 추천한다.

◢ 이베이

이용자의 구매 이력과 소셜미디어 활동 내용 등을 분석하여 지인을 위한 선물을 추천한다.

5) 빅데이터의 위험

- 개인의 취미, 기호, 건강상태, 거주지, 콘텐츠 구매 이력 등 개인의 프라이버시에 해당하는 민감한 자료들이 광범위하게 취합되고 있다.
- 고객에게 맞춤형 서비스를 제공하기 위해서는 더욱 정밀한 고객 데이터가 필요하고 개인의 취향, 상태에 대한 분석이 가능해 특정 업체가 개인의 이력 정보를 보유할 가능성이 높아진다.
- 특정 업체가 합법적으로 데이터를 취득했다 해도 데이터 유통에 따른 프라이버시 문제가 발생할 수 있다.
- 블로그나 커뮤니티 서비스를 통해 축적된 데이터의 소유권에 대해 포털 서비스 업체와 이용자 간에 분쟁이 발생할 수 있다.

학습정리

1. 사물인터넷

사람과 사람 주변 사물들이 네트워크로 연결되어 정보를 주고 받는 인터넷 환경을 의미한다.

4차 산업혁명 시대에 메인 키워드로 자리 매김할 정도로 큰 이슈가 되었고 향후 초연결사회(인터넷 백서 인용)를 이끌어갈 중추 기술로 자리 잡고 있다.

사물인터넷이 점점 우리의 실생활과 밀접해지는 이유는 크게 두 가지, 연결 디바이스의 증가와 센서 단가의 하락을 들 수 있다.

2. 가상현실

가상현실은 현실과 상상의 경계에서 디바이스의 조작으로 사용자와 상호작용이 가능한 시스템으로 컴퓨터 등 인공기술로 만들어 낸 실제와 유사하지만 실제가 아닌 환경, 상황 등을 의미한다.

3. 인공지능 플랫폼

인공지능 플랫폼(AI Platform)은 '음성인식', '자연어 처리', '시각인식' 등의 인공지능 기술을 바탕으로 하는 클라우드컴퓨팅 플랫폼으로 사용자의 명령을 인식하고 처리한 결과를 들려주는 역할을 한다.

4. 블록체인

거래 참가자 모두에게 내용을 공개하는 방식의 분산원장기술

구축 비용, 보안 관련 비용의 감소

5. 빅데이터

규모가 방대하다.

생성 주기가 짧다.

형태가 다양하다 – 수치 데이터뿐 아니라 문자와 영상데이터를 포함한다.

비정형의 데이터이다.

학습평가

1. 사물인터넷의 최근 기술 동향에 대한 설명이 바르지 않은 것은 무엇인가?

   ① 4차 산업혁명 시대에 메인 키워드

   ② 디바이스의 통일화

   ③ 센서 단가의 하락

   ④ 국내외 사물인터넷 표준화 법 추진

2. 다음 중 핀테크 기술의 발전 배경으로 볼 수 없는 것은 무엇인가?

   ① 까다로운 금융 절차

   ② 스마트 모바일 기기의 급격한 보급

   ③ 금융 보안위기

   ④ 블록체인

3. 온라인 구매시 구매자가 구매 의사를 밝히면 제3자(페이팔)가 대금을 받아 가지고 있다가 구매자가 상품을 수령하고 물품을 확인한 후 판매자가 대금을 받는 방식의 금융 서비스와 관련된 용어는 무엇인가?

   ① 에스크로(escrow)

   ② 삼성페이

   ③ 애플페이(Apple Pay)

   ④ 핀테크

4. 블록체인에 대한 설명이 바르지 못한 것은 무엇인가?

① 공인된 제3자 기관(Trusted Third Party, TTP)의 개입 없이 서로 신뢰

② 중앙집중형 서버에 기록을 보관하는 방식

③ 블록은 헤더(Header)와 바디(Body)로 구성

④ 누구나 참여 할 수 있는 퍼블릭 블록체인도 있다

5. 다음 중 블록체인의 특징을 설명한 것이다. 블록체인의 종류가 다른 하나는 무엇인가?

① P2P 거래를 하므로 불필요한 수수료가 절감된다.

② 오픈소스로 쉽게 구축된다.

③ 장부를 공동으로 소유하므로 무결성을 유지한다.

④ 소유자가 블록체인을 중앙시스템처럼 관리할 수 있다.

6. 다음 블록체인의 종류 중에서 사용자가 원하는 대로 커스터마이징할 수 있어 금융 거래에 적합하고 처리 속도도 빠르고 네트워크 확장이 용이한 블록체인의 종류는 무엇인가?

① 프라이빗 블록체인

② 퍼블릭 블록체인

③ 컨소시엄 블록체인

7. 다음 중 기술의 종류가 다른 하나는 무엇인가?

    ① 코타나

    ② 구글 어시스턴트

    ③ 알렉사

    ④ VR One

8. 빅데이터의 특징과 거리가 먼 것은 무엇인가?

    ① 데이터 규모가 방대하다.

    ② 정형화된 데이터이다.

    ③ 생성 주기가 짧다.

    ④ 형태가 다양하다 – 수치 데이터뿐 아니라 문자와 영상데이터를 포함한다.

정답

1. ②   2. ④   3. ①   4. ②   5. ④   6. ①   7. ④   8. ②